Français 3e pour les Nuls

Hélène Papiernik

Le contenu de cet ouvrage a été élaboré en collaboration avec les Éditions Bordas.

éco responsable
Bordas

FIRST Editions

Français 3e pour les Nuls

ISBN : 978-2-7540-1181-5
Dépôt légal : 1er trimestre 2009

Mise en page : ReskatoR
Couverture : Catherine Kédémos
M. Nul est habillé par : David Beuque
Édition : Franck Henry

Imprimé en Italie
par Rotolito Lombarda

Nous nous efforçons de publier des ouvrages qui correspondent à vos attentes et votre satisfaction est pour nous une priorité. Alors, n'hésitez pas à nous faire part de vos commentaires :

Éditions First
60, rue Mazarine
75006 Paris – France
Tél. : 01 45 49 60 00
Fax : 01 45 49 60 01
E-mail : firstinfo@efirst.com
Site internet : www.editionsfirst.fr

Sommaire

Quatrième partie : Vocabulaire

Cinquième partie : Lecture-Écriture

Introduction

À propos de ce livre

Ce livre s'adresse à tous ceux qui rencontrent des difficultés en français et qui ont décidé de s'accrocher.
Toutes les notions du socle commun de connaissances qu'un élève est censé avoir acquises à la fin de la 3e sont abordées.
Toutes les notions incontournables du programme de français 3e sont traitées.

La collection « Pour les Nuls » a mis tout en œuvre pour faciliter l'accès à l'apprentissage du français. Finis les mots compliqués, terminées les heures passées à s'arracher les cheveux sur l'accord du participe passé !

Vous allez enfin pouvoir découvrir le français sous un nouveau jour.

Comment ce livre est-il organisé ?

Ce livre est découpé en grandes parties, qui correspondent à celles de votre programme de français en 3e :

- **Grammaire** ;
- **Conjugaison** ;
- **Orthographe** ;
- **Vocabulaire** ;
- **Lecture-Écriture**.

À l'intérieur de ces grandes parties, les notions sont traitées sur une double page : c'est pratique !

Chaque double page vous propose une révision progressive en quatre étapes : c'est efficace, vous allez voir !

- **J'observe et je comprends :** vous entrez en douceur dans la notion. Grâce à cette observation, vous allez comprendre le cours de manière intuitive.
- **J'apprends :** c'est le cours ! Il est présenté de façon claire et synthétique.
- **J'applique :** vous mettez en pratique ce que vous venez d'apprendre ; vous allez pouvoir vérifier que vous avez bien tout compris.
- **Je m'entraîne :** une série d'exercices vous est proposée pour vous entraîner. Les exercices sont classés par niveaux de difficulté (★, ★★ ou ★★★) et évalués. Vous allez ainsi pouvoir vous noter.

À la fin de chaque grande partie, un **bilan**, sous la forme d'un QCM, vous permet de faire le point sur les connaissances acquises ou celles plus fragiles pour lesquelles un petit retour à la leçon est nécessaire.

Et pour vous aider à préparer le brevet, un sujet vous est proposé.

À la fin de l'ouvrage se trouvent tous les **corrigés** des exercices et des bilans. Ces corrigés sont détaillés et enrichis de conseils aux parents.

Vous avez aussi droit à des bonus :

- La **partie des Dix** : vous y découvrirez qu'il existe dix fautes d'orthographe grammaticale et lexicale, dix préfixes importants, et dix consignes à bien comprendre.
- Une **annexe** proposant un tableau de conjugaison.
- Un **tableau de suivi de progression** pour suivre votre ascension pendant toute l'année. C'est simple à utiliser : vous devez indiquer sur le tableau votre note finale à la fin de chaque série d'exercices.

Les icônes utilisées dans ce livre

Tout au long du livre, vous allez rencontrer les mêmes icônes. Celles-ci jalonnent un parcours qui vous permettra de bien comprendre où vous en êtes dans votre apprentissage ; c'est un super repérage si vous êtes perdu(e) !

Vous entrez en douceur dans la notion traitée en observant un exemple commenté.

Impossible d'y échapper ! C'est ce que vous devez absolument retenir, l'essentiel du cours.

À vous de jouer pour un premier essai ! C'est l'application directe de ce que vous venez de voir.

Après l'échauffement, c'est parti pour une série d'exercices.

C'est le moment des bilans.

Ce sont les conseils aux parents : des trucs et des astuces pour mieux expliquer les difficultés de l'exercice.

1 Les déterminants et les pronoms

Dans cette fiche :

▶ Vous allez apprendre à ne pas confondre déterminants et pronoms.

Tout va bien, nous allons à la piscine **tous** les jours.

Les animateurs sont sympas, je **les** aime bien.

- Observez ces phrases. Quelle est la nature de *tout, tous* et *les* ?
- *Tout* et *les* sont déterminants quand ils accompagnent un nom *(tous les jours ; les animateurs).*
- *Tout* et *les* sont pronoms quand ils remplacent un groupe de mots *(tout [les vacances, le temps, la colo, moi...] va bien, je les [les animateurs] aime bien).*

- Certains mots comme *le, la, les, l', tout, tous, toutes, certains, plusieurs, ce, nul* sont déterminants dans certaines phrases, pronoms dans d'autres.
- Ils sont **déterminants** quand ils **accompagnent** un nom (***le*** *garçon*).
- Ils sont **pronoms** quand ils **remplacent** un groupe de mots (*je* ***le*** *sais*).

Attention ! Il faut aussi préciser la **nature** exacte du déterminant ou du pronom :

- **déterminant :** article défini ou indéfini, déterminant démonstratif *(ce)* possessif *(mon, leur)*, indéfini *(certains)*, interrogatif *(quel)* ou numéral *(deux)* ;
- **pronom :** pronom personnel *(on, il, le, lui, leur)*, démonstratif *(celui)*, possessif *(la mienne, les leurs)*, indéfini *(personne, certains)*, relatif *(qui)* ou interrogatif *(lequel)*.

Dans les phrases suivantes, soulignez les mots en gras en rouge s'ils sont pronoms, en vert s'ils sont déterminants.

1. **Les** fraises, je **les** aime avec beaucoup de chantilly et **quelques** fraises.
2. **Ce** matin, **c'**était le carnaval : **tout** le monde est venu déguisé.
3. **Quelques** profs étaient déguisés aussi.
4. **On** a pris **plusieurs** photos dont **certaines** sont géniales.

JE M'ENTRAÎNE

1 ★☆☆ Complétez les phrases suivantes par le déterminant ou le pronom qui convient.

5 points

1. Ils ont préparé à la dernière minute .... affaires pour partir en vacances et ils ont oublié .... passeport.
2. Du coup, ... parents ont dû retourner .... chercher.
3. .... parents m'auraient tué si j'avais oublié .... !

2 ★★☆ Réécrivez les phrases suivantes en remplaçant chaque groupe de mots en gras par le pronom qui convient.

J'hésite entre plusieurs couleurs.

1. Je préfère **cette couleur** à **cette couleur**.

....

2. J'aime aussi beaucoup **ta couleur**.

....

3. **Quelle couleur** me conseilles-tu ?

....

5 points

4. **Le choix d'une couleur** ne m'intéresse pas.

....

3 ★★☆ Indiquez la nature exacte des mots en gras.

5 points

Je **leur** (..................................) ai dit de penser à **leurs** (....................................) projets, à **tous** (..................................) les pays qu'ils aimeraient visiter, à **tout** (..................................) ce qu'ils aimeraient découvrir. Ils **m'**ont (..................................) parlé de l'Amérique.

4 ★★★ Brevet Dans cet extrait de *Théâtre intime* de Jérôme Garcin (© Éditions Gallimard), le narrateur emploie à plusieurs reprises le pronom *on*. Qui désigne-t-il ? Justifiez son emploi.

Je me suis baigné, des années durant, sur une plage ventée où étaient tombés, sous la mitraille nazie, des milliers de soldats. Parfois, on se blessait les pieds sur des objets contondants, on s'abîmait les mains en faisant des châteaux de sable.

....

....

....

....

....

5 points

TOTAL : .... / 20 points

▶ Corrigés p. 105

2 Les fonctions dans le groupe nominal

Dans cette fiche :

- Vous allez revoir les expansions du nom.

J'aimerais une **voiture** décapotable, une BMW, avec des sièges en cuir, dans laquelle j'emmènerais mes amis voir la mer.

- Chaque caractéristique de la voiture est une expansion du nom. Vous devez vous demander sous quelle forme grammaticale ces expansions du nom sont précisées.
- *Décapotable* est un adjectif qualificatif épithete du nom *voiture* ; *une BMW* est un groupe nominal apposé au nom *voiture* ; *avec des sièges en cuir* est un groupe nominal complément du nom *voiture* ; *dans laquelle j'emmènerais mes amis voir la mer* est une proposition subordonnée relative complément de l'antécédent *voiture*.

Il existe **cinq types** d'expansions du nom.

- L'**adjectif épithète (lié)** est placé juste **à côté** du nom *(une **grande** voiture **rouge**)*.
- L'**adjectif épithète détaché ou apposé** au nom, est **séparé** du nom par des virgules et parfois détaché en tête de phrase *(**rapide**, la voiture passe en un éclair)*.
- Le **groupe nominal apposé au nom** est un groupe nominal **séparé** du nom par une virgule *(la voiture, **une petite merveille**, file)*.
- Le **groupe nominal complément du nom** est **relié** au nom par une **préposition** *(une voiture **à toit ouvrant**)*.
- La **proposition subordonnée relative, complément de l'antécédent**, est une proposition subordonnée **reliée** au nom par un **pronom relatif** *(qui, que, dont, où, lequel* et ses composés ; *la voiture **dont je rêve**)*.

Complétez la phrase suivante en imaginant des expansions du nom appartenant à chacun des types énumérés plus haut.

J'ai vu un .... film ...., qui raconte l'histoire d'un .... qui .... avec l'aide de ....

JE M'ENTRAÎNE

1 ★☆☆ **Dans les phrases suivantes, soulignez les expansions des noms et reliez-les au nom qu'elles complètent.**

5 points

1. Il nous a emmenés dans la maison de ses grands-parents.

2. C'est une demeure immense et luxueuse mais délabrée, avec un toit d'ardoise à quatre pentes qui s'écroule par morceaux.

3. À l'intérieur, il y a un immense escalier tournant qui mène à l'étage et une grande balustrade.

2 ★☆☆ **Développez le récit suivant en ajoutant des expansions nominales.**

5 points

1. Cet été, je suis parti en vacances .... Mes parents avaient loué une .... maison ....

2. Des cousins étaient avec nous. Nous avons fait .... balades ....

3 ★★☆ **Indiquez la nature et la fonction des expansions en gras.**

4 points

1. Dans le métro, on peut observer plein de gens **intéressants.**

....

2. Il y a des hommes **d'affaires** en costume **sombre** avec mallette et imperméable, des femmes en tailleur et chaussures à talon.

....

....

3. D'autres sont en jean et veste **en cuir** avec des sacs en papier aux sigles de grandes marques, d'autres encore en jean et cirés avec un enfant à chaque main.

....

4. Il y a aussi des ados **qui parlent fort**.

....

4 ★★★ Brevet **Dans cette phrase extraite des *Âmes grises* de Philippe Claudel, relevez les expansions du nom *insectes* et précisez la classe grammaticale de chacune d'elles. Quelle image de l'homme est ainsi suggérée ?**

6 points

Et les hommes redevenaient de minuscules insectes qui courent sur la surface du globe.

....

....

....

TOTAL : ____ / 20 points

▶ Corrigés p. 105

3 Les fonctions dans la phrase : le sujet et l'attribut du sujet

Dans cette fiche :

▶ Vous allez apprendre à repérer le sujet dans les cas difficiles, et surtout son attribut.

(1) Fumer **est** interdit dans tous les lieux publics.

(2) L'alcool **est** actuellement *un fléau* chez les jeunes.

(3) Que tu te **laisses** entraîner **est** très *inquiétant.*

(4) Tes amis ne me **paraissent** pas *sérieux.*

(5) C'est de cette façon que **commencent** les ennuis.

(6) Tu **dois** faire attention.

- Observez ces phrase. Les verbes sont en **gras**, mais à quoi correspondent les *italiques* ?
- (1) Le sujet de *est* est *fumer.* Eh oui ! le sujet n'est pas forcément un nom.
- (2) Le sujet de *est* est le groupe nominal (GN) sujet *l'alcool.* Celui-là est facile à trouver.
- (3) Le sujet de *laisses* est le pronom *tu*, mais celui de *est* est toute la proposition *Que tu te laisses entraîner.*
- (4) Le sujet de *paraissent* est le GN *tes amis.*
- (5) Attention ! Le sujet de commencent est *les ennuis*, qui est placé après le verbe.
- (6) Le sujet de *dois* est *tu.*

- Le **sujet** du verbe est un **groupe nominal (GN)**, un **verbe à l'infinitif** ou encore une **proposition**.
- Il est en général placé avant le verbe mais **il peut être inversé**, c'est-à-dire placé après le verbe. On le trouve en posant la question ***Qui est-ce qui ?*** et il conditionne l'accord du verbe.
- L'**attribut** donne au sujet une **qualité** par l'intermédiaire du verbe *être* ou d'un autre **verbe d'état** comme *sembler, paraître, devenir, avoir l'air…*

Dans la phrase suivante, soulignez les verbes conjugués en noir, encadrez leur sujet et soulignez l'attribut du sujet en rouge.

Les Grands Électeurs américains ont voté en majorité pour Barack Obama, qui est le premier Président noir de l'histoire des États-Unis.

1 ★☆☆ Dans les phrases suivantes, soulignez les verbes conjugués en rouge, leur sujet en bleu et l'attribut du sujet (s'il y en a un) en vert.

1. Le personnage de la pièce, qui est valet d'un comte, prépare son mariage avec la servante de la comtesse.

2. Mais le comte, qui s'est lassé de sa femme, veut coucher avec la servante en question.

3. Les deux femmes sont complices et parviennent à lui tendre un piège.

4. Ainsi le trompeur est-il trompé.

/5 points

2 ★★☆ Analysez la fonction des adjectifs en gras.

1. Elle n'a pas eu le **gros** lot. ……………………

2. **Déçue**, elle pleurniche et traîne les pieds. ……………………

3. Ses cheveux **châtain** sont **décoiffés** et elle paraît très **enfantine**.

……………………

/5 points

3 ★★☆ Réécrivez la phrase suivante en remplaçant *il* par *elles* et en effectuant toutes les modifications nécessaires.

Il fut stupéfait d'apprendre que son frère avait remporté le championnat. Il était honteux de n'avoir pas crû à ses chances mais fier que son frère ait atteint son but. ……………………

……………………

……………………

/5 points

4 ★★★ Brevet Observez la phrase suivante et répondez aux questions.

À dix kilomètres de la ville s'étalait la misère la plus noire.

1. Comment le sujet est-il mis en valeur ? ……………………

2. Dans quelle intention ? ……………………

/2 points

5 ★★★ Brevet Observez la phrase suivante et répondez aux questions.

Malgré la scolarisation obligatoire jusqu'à seize ans, certains Français sont encore aujourd'hui illettrés.

1. Expliquez la formation de l'adjectif *illettré*.

……………………

2. Quelle est sa signification ?

……………………

3. Quelle est sa fonction dans la phrase ?

……………………

/3 points

TOTAL : ―――― /20 points

► *Corrigés p. 106*

4 Les fonctions dans la phrase : les compléments essentiels

Dans cette fiche :

- Vous allez revoir les fonctions COD, COI et COS du verbe.

(1) Ce matin, au collège, un incident s'est produit dans la cour.

(2) Un garçon de 3e a donné une gifle à un petit.

- (1) Aucun complément n'est essentiel : on peut les déplacer ou même les supprimer (*un incident s'est produit*).
- (2) Les compléments du verbe sont essentiels, c'est-à-dire qu'on ne peut pas les supprimer. Le complément *une gifle* est placé directement après le verbe : il est complément d'objet direct (COD). Le complément *à un petit* est introduit par la préposition *à* : il est complément d'objet indirect (COI).

- Le **complément d'objet direct (COD)** est un complément **essentiel** du verbe (on ne peut pas le supprimer). Il répond à la question : sujet-verbe + *quoi ?* ou *qui ? (Il a donné **quoi** ? Une gifle).*
- Le COD peut être un **groupe nominal** (GN), un **pronom** *(il **l'**a donnée)* ou une **proposition** *(il a dit **qu'il viendrait**).*
- Le **complément d'objet indirect (COI)** est aussi un complément **essentiel** du verbe. Il répond à la question : sujet-verbe + *à qui ? à quoi ?* ou *de qui ? de quoi ? (Il l'a donnée **à qui** ? À un petit).*
- Le COI peut être appelé **complément d'objet second (COS)** quand le verbe a déjà un COD *(un garçon a donné **une gifle*** [COD] ***à un petit*** [COI]*).*
- Le COI et le COS peuvent être des **GN** ou des **pronoms** *(il **lui** a donné une gifle).*

Dans la phrase suivante, soulignez en rouge les verbes conjugués, en bleu leur sujet, en vert leur COD, en noir leur COI ou COS.

Pierre se souvient de la première fois où il est allé tout seul au cinéma. Il a pris le train avec sa cousine pour aller voir *Peau d'âne* à Paris.

1 ★★★ **Récrivez les phrases suivantes en remplaçant les groupes nominaux compléments d'objet en gras par un pronom.**

1. Les enfants ont adopté **le petit chien**.

....

2. Ils ont demandé **un os au boucher**.

....

3. Ils ont convaincu **leurs parents de le garder**.

....

5 points

2 ★★★ **Dites si les groupes en gras sont COD, COI, COS du verbe ou attributs du sujet.**

1. On a réintroduit **des ours** dans les Pyrénées pour préserver **l'espèce**.

....

2. Mais les bergers sont **mécontents** car les ours sont **des prédateurs** de leurs troupeaux.

....

3. Il faut maintenant réfléchir **à un compromis** entre les différents intérêts.

....

5 points

3 ★★★ **Indiquez la fonction des groupes de mots en gras.**

1. La mère était très **effrayée**.

....

2. Elle fermait **les yeux** tandis que **son fils** s'élançait de plus en plus haut.

....

3. Mais le petit poussait **des cris** pour qu'elle **l'**admire

....

4. Elle s'obligea **à le regarder**.

....

6 points

4 ★★★ Brevet **Observez la phrase suivante et répondez aux questions.**

Elle donna ses ordres pour la journée, mais les filles refusèrent de **les** exécuter. Alors elle décida de **leur** montrer elle-même ce que c'était que le courage.

1. Quel groupe représente chacun des pronoms personnels en gras ?

....

2. Quelle est la fonction grammaticale de chacun ?

....

4 points

TOTAL : ____ / 20 points

► Corrigés p. 106

5 Les fonctions dans la phrase : les compléments circonstanciels

Dans cette fiche :

- Vous allez revoir les différents types de compléments circonstanciels.
- Faites attention à ne pas les confondre avec des COI !

J'observe et je comprends

À la plage, l'été, je joue au volley avec mes amis.

- Dans cette phrase, le verbe *joue* a quatre compléments :
  - un COI, qui répond à la question *Je joue à quoi ?* (*au volley*) ;
  - trois compléments circonstanciels, que l'on peut supprimer, et qui répondent aux questions *Je joue au volley où ?* (*à la plage ;* lieu), *quand ?* (*l'été ;* temps), *avec qui ?* (*avec mes amis* ; manière ou accompagnement).

J'apprends

- Les **compléments circonstanciels (CC)**, contrairement aux compléments essentiels (COD, COI), peuvent être **déplacés et supprimés**.
- Ils ajoutent au verbe ou à la phrase des **précisions** : le **lieu** (où ?), le **moment** (quand ?), le **moyen** (comment ?), la **manière** (de quelle façon ?), la **cause** (pourquoi ?), la **conséquence**, le **but**, l'**opposition** ou **concession** (malgré quoi ?), la **comparaison**, la **condition** ou **hypothèse**… La liste n'est pas close et on est libre de préciser le sens de la circonstance.
- Le complément circonstanciel peut être un **groupe nominal** *(le matin)*, un **adverbe** *(hier, souvent)* ou une **proposition subordonnée** *(quand j'ai le temps)*.

J'applique — À vous !

Reliez ces trois groupes extraits de la phrase « Habituellement, il vient au collège à vélo. » à l'analyse qui convient.

1. Habituellement

2. au collège

3. à vélo

a. GN, CC de lieu du verbe *venir*

b. adverbe, CC de temps du verbe *venir*

c. GN, CC de moyen du verbe *venir*

JE M'ENTRAÎNE

1 ★☆☆ Enrichissez la phrase suivante en ajoutant trois compléments circonstanciels différents.

Je me suis levé.

/3 points

2 ★★☆ Dans les phrases suivantes, précisez la fonction des compléments circonstanciels en gras.

1. Il est arrivé **avant moi**.

2. Je suis parti en avance **pour être mieux placé**.

3. **Malgré la pluie**, nous sommes sortis.

/3 points

3 ★★☆ Dans les phrases suivantes, précisez la nature (GN, adverbe, proposition) et la fonction des complément en gras (COD, COI, COS, CC de temps, de lieu, de manière, de moyen, de cause, d'opposition, de but, de comparaison, de condition).

1. Il faudra **bientôt** organiser **la fête pour l'anniversaire de Karim**.

2. **Comme j'ai rencontré ta mère**, j'ai pensé **à toi**.

/8 points

4 ★★★ Brevet Observez la phrase suivante extraite de *Bel-Ami* de Maupassant et répondez aux questions.

Puis il se regarda **longuement**, émerveillé d'être vraiment aussi joli garçon ; puis il se sourit **avec complaisance** ; puis, prenant congé de son image, il se salua très bas, **avec cérémonie**, **comme on salue les grands personnages.**

1. Quelle est la fonction grammaticale des quatre groupes en gras ?

2. Quelle image du personnage contribuent-ils à donner au lecteur ?

/6 points

TOTAL : /20 points

▶ Corrigés p. 107

6 Les propositions : phrase simple et phrase complexe

Dans cette fiche :

- Vous allez apprendre à repérer la façon dont les phrases sont construites.

J'observe et je comprends

(1) Pas un nuage.

(2) La lune luit.

(3) [Une chouette hulule] [tandis que le vent agite les feuilles des grands arbres].

- (1) La particularité de cette phrase est qu'elle ne contient aucun verbe conjugué. Son noyau est un nom : c'est une phrase nominale.
- (2) Cette phrase a un seul verbe conjugué : c'est une phrase simple.
- (3) Cette phrase contient deux verbes conjugués : c'est une phrase complexe. Chaque verbe est le noyau d'une proposition (entre crochets).

J'apprends

- Une **phrase nominale** a pour **noyau** un nom au lieu d'un verbe. Ce genre de phrases est utilisé pour les titres de journaux *(Obama élu président)* et parfois pour créer un effet particulier dans un texte.
- Une **phrase simple** contient **un seul verbe** conjugué, donc une seule proposition indépendante.
- Une **phrase complexe** contient **au moins deux verbes** conjugués, donc deux propositions.
- Les **propositions** d'une phrase complexe peuvent être reliées par :
  - la **juxtaposition** : elles sont indépendantes, reliées par un simple **signe de ponctuation** (virgule, point-virgule ou deux-points). *Une chouette hulule ; le vent agite les feuilles* ;
  - la **coordination** : elles sont indépendantes, reliées par une **conjonction de coordination**. *Une chouette hulule et le vent agite les feuilles* ;
  - la **subordination** : l'une est principale, l'autre est subordonnée et commence par un **pronom relatif** ou une **conjonction de subordination**. *Une chouette hulule tandis que le vent agite les feuilles des grands arbres.*

J'applique — À vous !

Dans la phrase suivante, soulignez les verbes conjugués et mettez les propositions entre crochets.

Mon entraîneur de basket m'a annoncé que je participerais à la prochaine compétition.

JE M'ENTRAÎNE

1 ★★★ **Indiquez si les phrases suivantes sont simples ou complexes.**

4 points

1. Du matin au soir, il s'active joyeusement à son établi. ➤ ....
2. Il chante ou siffle toute la journée. ➤ ....
3. Dès qu'il a terminé un meuble, il sort prendre l'air. ➤ ....
4. Il adore ce mode de vie, cette liberté et ce plaisir de créer. ➤ ....

2 ★★★ **Dans les phrases suivantes, soulignez les verbes conjugués, mettez les propositions entre crochets, puis dites si chacune est indépendante (I), principale (P) ou subordonnée (S).**

8 points

1. Comme elle voulait voir le film, Nadia est allée à la séance du matin. ......
2. Elle n'a trouvé personne pour l'accompagner car ses amies préféraient faire la grasse matinée. ....
3. Elle été déçue, le film était sans intérêt. ....
4. Elle a décidé que la prochaine fois elle serait plus patiente. ....

3 ★★★ Brevet **Observez les phrases suivantes et répondez aux questions.**

4 points

Soudain l'onde mortelle atteignit la ville. Les gens s'immobilisèrent dans les rues.

1. Reformulez de manière à ce que la seconde phrase devienne une proposition subordonnée. ....

....

2. Quel est le rapport logique ainsi exprimé ? ....

....

3. Pourquoi l'auteur a-t-il choisi de ne pas exprimer le lien logique entre les phrases ? ....

....

4 ★★★ Brevet **Observez ce poème et répondez aux questions.**

4 points

Ineffable lever du premier rayon d'or !
Du jour éclairant tout sans rien savoir encore !
Ô matin des matins ! amour ! joie effrénée
De commencer le temps, le mois, l'heure, l'année !
Ouverture du monde ! instant prodigieux ! (Hugo, *La Légende des Siècles.*)

1. Quelles particularités ont les phrases de ce passage ?

....

2. Pourquoi l'auteur a-t-il choisi ce procédé ?

....

TOTAL : .... / 20 points

➤ *Corrigés p. 107*

7 Les propositions subordonnées (1)

Dans cette fiche :

- Vous allez apprendre à distinguer les propositions subordonnées relatives et conjonctives-complétives.

J'observe et je comprends

(1) J'aime les livres [**qui** créent du suspense].

(2) Les livres [**que** je préfère] sont ceux de Stephen King.

(3) Je crois [**que** je les ai presque tous lus].

- (1) La proposition subordonnée est introduite par le pronom relatif *qui*. C'est une proposition subordonnée relative.
- (2) et (3) Les propositions subordonnées sont introduites par *que*. Or *que* est, selon le cas, un pronom relatif ou une conjonction de subordination. Comment savoir dans quel cas on est ? La relative dépend d'un nom, la conjonctive d'un verbe.
- (2) La proposition dépend du nom *livres*, donc c'est une relative.
- (3) La proposition dépend du verbe *crois*, donc c'est une conjonctive.

J'apprends

- Les **propositions relatives** dépendent d'un **nom**, qui est leur antécédent. Elles sont introduites par un pronom relatif *(qui, que, quoi, dont, où, lequel...)*. Leur fonction est complément de l'antécédent.
- Les **propositions conjonctives** dépendent d'un **verbe** et sont introduites par une conjonction de subordination *(que, quand, comme, parce que...)*.
- Les **propositions complétives** sont des conjonctives **particulières** : elles sont introduites par la conjonction *que* ou *qu'* et leur fonction est COD du verbe.

J'applique – À vous !

Dans les phrases suivantes, soulignez en vert les propositions relatives et en rouge les complétives.

1. J'ai un ami qui m'a proposé de venir regarder un DVD chez lui samedi soir.
2. C'est un film dont a parlé la prof de français.
3. Acceptez-vous que j'y aille ?

JE M'ENTRAÎNE

1 ★★★ **Dans les phrases suivantes, remplacez les propositions indépendantes juxtaposées par un système principale + proposition subordonnée relative ou conjonctive selon le cas.**

1. J'ai un cheval, il s'appelle Fakir. ……………………
2. Tu veux sortir samedi, je sais. ……………………
3. Voilà le garçon ; je t'ai déjà parlé de lui. ……………………
4. Vous êtes trop sévère, je trouve. ……………………

/4 points

2 ★★★ **Récrivez les phrases suivantes en corrigeant les fautes ou maladresses de syntaxe.**

1. Je vois un garçon assis à une table qui lit un livre.
……………………
2. Cette fois, c'est moi qui a gagné.
……………………

/4 points

3 ★★★ **Dans les phrases suivantes, soulignez les verbes conjugués, mettez les propositions entre crochets puis analysez chacune d'elles (indiquez leur nature, principale, relative ou complétive, puis leur fonction).**

1. Le bébé, qui était surpris, se tut tout d'un coup.
……………………
2. Aviez-vous prévu que vous connaîtriez un événement de cette importance ?
……………………
3. Tout flatteur vit aux dépens de celui qui l'écoute. (La Fontaine.)
……………………
4. Le renard jura, mais un peu tard, qu'on ne l'y prendrait plus. (La Fontaine.)
……………………

/8 points

4 ★★★ Brevet **Observez ce poème et répondez aux questions.**

La moitié du pauvre esquif tenait encore par la corde au roc où nous l'avions fixé la veille. (Lamartine, *Graziella*.)

1. Indiquez le temps de chacun des verbes de la phrase.
……………………
……………………
2. Analysez chacune des propositions de la phrase.
……………………
……………………

/4 points

TOTAL : /20 points

▶ Corrigés p. 108

8 Les propositions subordonnées (2)

Dans cette fiche :

- Vous allez apprendre à reconnaître les propositions interrogatives indirectes et les circonstancielles.

[Comme il **était** mélancolique], [je lui **ai demandé**][s'il **voulait** changer de métier][et où il **aimerait** vivre].

- Observez cette phrase. Elle contient quatre propositions (entre crochets).
- La proposition principale est *je lui ai demandé*. Le sens du verbe *demander* sous-entend une question.
- Le verbe *demander* introduit deux interrogations, non sous la forme directe de propositions indépendantes avec guillemets et point d'interrogation *(« Est-ce que tu veux changer de métier ? » ; « Où aimerais tu vivre ? »)* mais sous la forme de subordonnées indirectes.
- *Comme il était mélancolique* précise la cause de la demande : c'est une proposition subordonnée conjonctive, complément circonstanciel de cause du verbe *demander*.

- Les **propositions subordonnées interrogatives indirectes** sont introduites par un **mot interrogatif** *(si, où, quand, combien, pourquoi, quel)*. Elles dépendent d'un verbe qui exprime ou sous-entend une **interrogation** comme *(se) demander, ignorer...* Leur fonction est COD du verbe.
- Les **propositions subordonnées circonstancielles** dépendent du verbe de la principale dont elles précisent une **circonstance** : temps, cause, conséquence, opposition, but, condition, comparaison (ni lieu, ni manière, ni moyen !). Elles sont introduites par une **conjonction** *(quand, dès que, avant que, parce que, si bien que, bien que, pour que...)*. Leur nature est proposition subordonnée conjonctive. Leur fonction est complément circonstanciel de temps, cause, etc. du verbe.

Dans la phrase suivante, soulignez les verbes conjugués et mettez les propositions entre crochets. Puis soulignez en rouge les propositions interrogatives indirectes, en vert les circonstancielles.

Je n'ai pas vu Mathieu depuis que nous sommes allés au bowling. Comme d'habitude il m'appelle toutes les semaines, je commence à me demander s'il va bien.

1 ★★★ **Réécrivez les phrases suivantes en remplaçant les deux propositions indépendantes par un système principale + interrogative indirecte et en effectuant tous les changements nécessaires.**

1. Elle demande : « Qui veut passer le premier ? »

2. Ils se demandaient : « Est-ce qu'il arrivera à temps ? »

3. Je voudrais savoir : « Où allons-nous ? »

4. Je lui demandai : « Quel a été le plus beau jour de ta vie ? »

4 points

2 ★★★ **Dans les phrases suivantes, analysez les propositions en gras (nature et fonction).**

1. C'était le carrefour **où nous nous trompons à chaque fois !**

2. Je pense **que nous arriverons en retard**.

3. Je vais téléphoner **pour qu'ils ne s'inquiètent pas**.

3 points

3 ★★★ **Faites l'analyse logique de la phrase suivante.**

Quand j'étais petite, même si elle rentrait tard, ma mère me racontait chaque soir une histoire en me couchant pour que je fasse de beaux rêves.

7 points

4 ★★★ Brevet **Réécrivez cette phrase en remplaçant la conjonction de subordination par une conjonction de coordination de même valeur.**

Elle a eu tellement peur qu'elle s'est mise à trembler de tous ses membres.

2 points

5 ★★★ Brevet **Observez la phrase suivante et répondez aux questions.**

La route étant bossuée, nous avancions tout doucement.

1. Quel est le rapport logique entre les deux parties de cette phrase ?

2. Reformulez cette phrase à l'aide d'un système principale + subordonnée.

4 points

TOTAL : ____ / 20 points

▶ *Corrigés p. 109*

9 L'interrogation

Dans cette fiche :

▶ Vous allez apprendre à analyser et à utiliser les différentes formes de questions.

(1) Vient-elle ? / À quelle heure vient-elle ?

(2) Elle vient à quelle heure ? / Est-ce qu'elle vient ?

(3) Ne vient-elle pas ?

- (1) La première question appelle une réponse par oui ou non : on dit que c'est une interrogation totale. La seconde question met seulement en question une circonstance de l'action : on dit qu'elle est partielle.
- (2) Ces deux phrases reprennent la seconde phrase de (1), qui est soutenue, en faisant varier le niveau de langue : familier pour la première, courant pour la seconde.
- (3) Cette phrase est à la fois interrogative et négative. On dit qu'elle est interro-négative.

- La **phrase interrogative** exprime une question. Cette question peut être rapportée au **style direct** au moyen d'un point d'interrogation. Elle se construit différemment en fonction du niveau de langue :
  – **soutenu** : inversion du sujet par rapport au verbe *(Viens-tu ?)* ;
  – **courant** : construction avec *est-ce que (Est-ce que tu viens ?)* ;
  – **familier** : même construction que pour la phrase déclarative *(Tu viens ?)*.
- La phrase interrogative est :
  – **totale** si attend une **réponse par oui ou par non**. Elle peut alors être introduite par *est-ce que (Est-ce que tu viens ? Non)* ;
  – **partielle** si on n'attend pas la réponse oui/non mais un **détail précis**. Elle est introduite par *qui, où, quel, combien*, etc. *(Pourquoi viens-tu ?)*.
- La phrase interro-négative est de forme interrogative et de type négatif *(Ne viens-tu pas ?)*.

Précisez si ces phrases interrogatives sont directes (D) ou indirectes (I), totales (T) ou partielles (P), soutenues (S), courantes (C) ou familières (F).

1. As-tu fait tes devoirs ? ……………………

2. Il m'a demandé si je voulais l'accompagner chez Fred. ……………………

3. Tu pars quand ? ……………………

JE M'ENTRAÎNE

❶ ★☆☆ Précisez si les interrogations suivantes sont totales ou partielles.

1. Pourquoi t'as pris ton vélo ? ....
2. Je ne sais pas si j'ai réussi. ....
3. Tu veux du chocolat ? ....
4. Quand est-ce qu'on arrive ? ....

....

4 points

❷ ★☆☆ Réécrivez les phrases interrogatives suivantes dans un niveau de langue soutenu.

1. Tu veux ma photo ? ....
2. Vous pouvez vous dépêcher ? ....
3. Est-ce qu'il faut du pain ? ....
4. Où tu vas ? ....

4 points

❸ ★★☆ Réécrivez les interrogations indirectes suivantes sous forme d'interrogations directes.

1. J'ai demandé qui voulait venir.

....

2. Ils ont demandé si c'était moi qui avais dessiné l'affiche.

....

3. Je me demande où on va.

....

4. Vous m'avez demandé comment je m'étais musclé.

....

4 points

❹ ★★★ Brevet Observez cet extrait de *Poil de carotte* de Jules Renard et répondez aux questions suivantes.

Poil de carotte, les fesses collées, les talons plantés, se met à trembler dans les ténèbres. Elles sont si épaisses qu'il se croit aveugle. Parfois une rafale l'enveloppe, comme un drap glacé, pour l'emporter. *Des renards, des loups même, ne lui soufflent-ils pas dans ses doigts, sur sa joue ?*

1. Quelle est la particularité syntaxique de la phrase en italiques ?

....

....

2. Cette phrase est-elle prononcée à haute voix ? Justifiez votre réponse.

....

....

8 points

TOTAL : ____ / 20 points

▶ Corrigés p. 109

10 La mise en relief

Dans cette fiche :

▶ Vous allez apprendre à repérer et à utiliser les effets d'insistance.

J'observe et je comprends

(1) Pierre est fou. (2) Il est fou, Pierre (*ou* Pierre, il est fou). (3) C'est Pierre le plus fou. (4) Quel fou, ce Pierre !

- L'ordre des mots est normal.
- (2), (3) et (4) Les phrases changent l'ordre normal des mots (1) pour mettre en relief, c'est-à-dire faire mieux ressortir le prénom *Pierre*.
- (2) La phrase reprend le prénom sous la forme du pronom *il*.
- (3) La phrase utilise la construction *c'est… qui*.
- (4) La phrase utilise l'exclamation avec inversion de l'ordre des mots.

J'apprends

- On peut utiliser différents procédés pour rendre une phrase **expressive**.
- Sur le plan du **lexique**, on peut utiliser **des mots plus forts** que ceux qui conviennent à la situation *(Je suis mort* pour *Je suis très fatigué)*. Il s'agit d'une figure de style qu'on appelle **hyperbole**.
- Sur le plan de la **syntaxe**, on peut **attirer l'attention** sur certains mots d'une phrase par différents procédés qui rendent la phrase **emphatique** (l'emphase, c'est l'exagération) :
  - le **déplacement de mots** en tête de phrase *(Au-delà de cette limite votre ticket n'est plus valable)* ;
  - le **détachement** avec reprise par un pronom *(Il est fou, Pierre)* ;
  - le **déplacement** en tête de phrase exclamative *(Sacré farceur, ce Michel !)* ;
  - l'emploi de constructions qu'on appelle **présentatifs** : *c'est… que* ou *qui* ; *voilà que* ou *qui* ; *il y a… que* ou *qui (C'est lui qui l'a dit)*.
- On peut aussi utiliser des **figures de style** comme l'**anaphore**, qui est une répétition en début de segment (« Dormez, les champs ! dormez, les fleurs ! dormez les tombes ! » Victor Hugo, *Les Contemplations*, 6).

J'applique — À vous !

Réécrivez la phrase neutre suivante deux fois en utilisant deux procédés différents pour la rendre plus expressive.

Soufiane a gagné le cross du collège.

1. ....

2. ....

JE M'ENTRAÎNE

1 ★★★ **Réécrivez les phrases suivantes en mettant en relief l'élément en gras par le procédé de votre choix.**

/4 points

1. Les Morel sont allés **aux États-Unis.** ....
2. **Les Guillaud** ont fait un safari en Afrique. ....
3. **Ma tante** habite à la campagne. ....
4. **Adélaïde** est une vraie chipie. ....

2 ★★★ **Réécrivez les phrases suivantes en mettant en relief l'élément en gras au moyen d'un présentatif.**

/4 points

1. Le métro est bondé **en décembre.** ....
2. **Victor** m'a appris la bonne nouvelle. ....
3. Les travaux durent depuis **plusieurs mois.** ....
4. **Quelqu'un** t'attend à la porte. ....

3 ★★★ **Réécrivez les phrases suivantes en mettant en relief l'élément en gras au moyen du détachement avec reprise pronominale.**

/4 points

1. **Yazid et Simon** vont voir le spectacle de Foresti. ....
....
2. **Sabrina** aime le saucisson. ....
3. **Ewan** est bon au foot. ....
4. **New York** est ma ville préférée. ....

4 ★★★ **Réécrivez les phrases suivantes en mettant en relief l'élément en gras au moyen d'une exclamation avec déplacement en tête de phrase.**

/4 points

1. Le candidat a été **un véritable héros.**
....
2. La nourriture est **lamentable.**
....
3. Cette victoire a été **stupéfiante.**
....
4. La journée est **belle.**
....

5 ★★★ Brevet **Dans la phrase : « Mais je meurs de faim, moi », relevez le terme mis en relief et commentez l'effet produit.**

/4 points

....

TOTAL : /20 points

▶ *Corrigés p. 110*

11 Les reprises nominales et pronominales

Dans cette fiche :

- Vous allez apprendre à identifier et à choisir correctement les mots ou les expressions qui servent à reprendre, dans un texte, un groupe nominal déjà utilisé.

Gabrielle était la plus ancienne caissière du magasin. Elle y travaillait depuis trente-cinq ans, toute la semaine jusqu'au samedi, et mettait de côté chaque mois un tiers de son salaire, si bien qu'elle s'était constitué une petite rente pour ses vieux jours. Toute la ville la jalousait pour cette petite rente à venir et la pauvre femme supportait de nombreuses moqueries.

- En rouge. Le personnage principal est d'abord désigné par son prénom *Gabrielle*. Dans la suite du texte, le prénom n'est pas répété mais on désigne le même personnage par des pronoms personnels *(elle, l', s')* ou par des groupes nominaux *(la pauvre femme)*.
- En bleu. Le GN *le magasin* est repris par le pronom *y*.
- En vert. Le GN *une petite rente* est repris par le même GN avec un autre déterminant *(cette petite rente)*.

- Dans un texte, si on évoque **plusieurs fois** une **personne**, une **chose**, une **idée**, on peut reprendre le premier GN qui désigne cette personne, chose ou idée par différents moyens.
- Un **GN** (**reprise nominale**) : soit le **même GN** *(une rente / cette rente)*, soit un **autre GN**, qui apporte une nouvelle information ou un jugement *(Gabrielle / la pauvre femme)*. On appelle cet autre GN un **substitut** (remplaçant) **nominal**.
- Un **pronom** (**reprise pronominale**) ; le pronom **personnel** *(il, le, la, lui, leur, etc.)*, le pronom **adverbial** *(en, y)*, le pronom **démonstratif** *(ce, cela, ça, celui-ci)* remplissent souvent ce rôle.
- Il est important pour comprendre un texte de bien **repérer**, à la lecture, quel GN est remplacé. Pour rédiger, il faut s'assurer que les reprises sont claires.

Réécrivez la deuxième de ces phrases et les suivantes en remplaçant le prénom Giuliano par un pronom ou un GN.

Giuliano est un de mes amis. Giuliano joue de la guitare et adore le montage photo. J'aimerais aller chez Giuliano samedi soir.

....

....

1 ★☆☆ **Réécrivez les phrases suivantes en remplaçant le groupe en gras par un pronom ou un GN.**

1. Woody Allen a rencontré **Pénélope Cruz** à New York pour lui proposer un rôle dans son film *Vicky Cristina Barcelona*.

2. **Woody Allen** a l'habitude de tourner ses films très vite.

3. ***Vicky Cristina Barcelona*** était une commande de la ville de Barcelone.

4. **Les habitants de Barcelone** étaient fiers de reconnaître **Barcelone** dans le film.

/5 points

2 ★★☆ **Réécrivez les phrases suivantes en corrigeant les reprises pronominales qui ne sont pas claires.**

1. J'aime beaucoup le film *E. T.* de Spielberg. Il est vraiment génial.

2. Je connais un garçon qui habite dans une maison qui est immense qui est riche.

3. Quand Martin et son père sont allés au cinéma, il lui a beaucoup parlé.

/3 points

3 ★★★ **Lisez ce texte et répondez aux questions.**

J'étais le seul garçon dans cette ronde, où j'avais amené ma compagne toute jeune encore, Sylvie, une petite fille du hameau voisin, si vive et si fraîche, avec ses yeux noirs, son profil régulier et sa peau hâlée !... Je n'aimais qu'elle, je ne voyais qu'elle, jusque-là ! À peine avais-je remarqué, dans la ronde où nous dansions, une blonde, grande et belle, qu'on appelait Adrienne. Tout d'un coup, selon les règles de la danse, Adrienne se trouva placée seule avec moi au milieu du cercle. [...] On nous dit de nous embrasser. [...] La belle devait chanter pour avoir le droit de rentrer dans la danse [...]. À mesure qu'elle chantait, l'ombre descendait des grands arbres... (Nerval, *Sylvie*.)

1. Qui représente le pronom elle ?

2. Qui représente le pronom nous ?

3. Quels GN remplacent le prénom Adrienne dans le texte ?

/12 points

TOTAL : /20 points

▶ *Corrigés p. 110*

12 Les connecteurs

Dans cette fiche :

▶ Vous allez apprendre à repérer et à utiliser les mots qui lient les différentes parties d'un texte.

J'observe et je comprends

(1) **La première année**, il a vivoté ; **la deuxième,** il a gagné correctement sa vie ; **en dix ans**, il avait fait fortune. **Aujourd'hui,** il s'est retiré.

(2) **À gauche**, en entrant, on était accueilli sévèrement par une austère vieille pendule. **En face**, un coquet escalier en bois ciré, couvert d'un moelleux tapis de velours rouge fixé par des clous dorés, vous invitait **à l'étage.**

(3) Il est riche, **de sorte qu'**il vit dans une splendide demeure, **mais** il est resté très simple **et** vous traite en ami lorsque vous lui rendez humblement visite.

✔ Observez les mots en **gras** : ils servent de liens et organisent les informations dans le temps (1), l'espace (2) ou la logique (3).

J'apprends

✔ Les **connecteurs** sont des **adverbes** *(aujourd'hui)*, des **conjonctions** *(mais, de sorte que)* ou des **GN** *(la première année)* qui lient par le sens des propositions, des phrases, des parties de texte, selon une organisation :
- dans l'**espace** pour les **descriptions** ; il s'agit de **connecteurs spatiaux** *(à droite, tout droit, plus bas, au deuxième plan…)* ;
- dans le **temps** pour les **récits** ; il s'agit de **connecteurs temporels** ou **chronologiques** *(hier, demain, avant, depuis…)* ;
- dans la **logique** pour l'**argumentation**.

✔ Les connecteurs logiques peuvent introduire :
- la **cause** *(en raison de, puisque, car, parce que…)* ;
- la **conséquence** ou la **conclusion** *(donc, si bien que, par conséquent, c'est pourquoi, en conclusion…)* ;
- l'**opposition** ou **concession** *(en revanche, d'un autre côté…)* ;
- une **succession d'arguments** *(d'abord… ensuite… enfin ; d'une part… d'autre part, etc.)*.

J'applique — À vous !

Dans le texte suivant, soulignez en bleu les connecteurs chronologiques, en vert les connecteurs spatiaux, en rouge les connecteurs logiques.

Hier, à la soirée, je me suis éclaté. Mais aujourd'hui, je me sens mal.

1 ★★★ **Complétez les phrases avec les connecteurs suivants : car – donc – dès que – avant que – puisque.**

1. Il est malade .... il ne viendra pas chez toi.

2. .... qu'il est arrivé, l'ambiance s'est refroidie.

3. Elle peut s'inscrire à la conduite accompagnée .... elle a seize ans.

4. .... tu es là, reste dîner avec nous !

5. .... les hommes n'apparaissent sur terre, il y a eu plusieurs glaciations.

5 points

2 ★★★ **Réécrivez les phrases suivantes en reliant les propositions juxtaposées par un lien logique.**

1. Ce livre est génial : je l'ai lu trois fois.

....

2. Il a peu de vocabulaire ; il refuse d'ouvrir un dictionnaire !

....

3. Cette pièce est une comédie ; elle ne me fait pas rire.

....

3 points

3 ★★★ **Indiquez la valeur (espace, temps ou rapport logique) des connecteurs en gras.**

1. Approche, **que** je t'examine. ....

2. **Après** le dîner, nous pourrions jouer au ping-pong. ....

3. Je lirai ce livre en entier **seulement** si l'histoire me plaît. ....

4. **À côté** de Juliette, un nouveau avait pris place. ....

5. **Quoi que** nous fassions, il n'est jamais content. ....

5 points

4 ★★★ Brevet **Réécrivez ces phrases en remplaçant *puisque* par une conjonction de coordination de même sens. Nommez ce lien logique.**

Pourquoi tu nous as pas pris nous-mêmes ? Nous tous, puisque tu nous as pris notre gagne-pain ? (Lamartine, *Graziella*.)

....

4 points

5 ★★★ Brevet **Dans cette phrase, quelle est la relation logique exprimée par la conjonction de coordination *et* ?**

Je suis à l'auberge, j'ai faim et je reste. (Hugo, *Les Misérables*.)

....

3 points

TOTAL : ...... / 20 points

▶ *Corrigés p. 111*

13 Les marques de l'énonciation

Dans cette fiche :

▶ Vous allez apprendre à reconnaître les indices de la situation d'énonciation et à utiliser un langage adapté.

J'observe et je comprends

(1) T'as eu 18 ? T'es un ouf !

(2) L'assassinat de l'archiduc François-Ferdinand en 1914 a déclenché la Première Guerre mondiale.

- (1) Cette phrase ne peut être prononcée que dans un établissement scolaire, par un élève, à l'intention de l'un de ses camarades. Elle est ancrée dans sa situation d'énonciation.
- (2) Cette phrase est neutre. Elle peut être dite n'importe où, n'importe quand (après 1914 quand même !) et par n'importe qui. Elle est coupée de la situation d'énonciation.

J'apprends

- La situation de communication répond à **trois questions** essentielles : **qui parle ? où ? à qui ?**
- Certains énoncés sont ancrés dans la **situation d'énonciation** : ils sont en général au présent, à la 1re ou 2e personne. Dans la vie, quand on discute avec quelqu'un, on sait qui c'est et où on est… Mais dans un texte, il est très important de repérer les indices de cette situation.
- D'autres énoncés sont **coupés** de la situation d'énonciation. Ils sont souvent écrits au passé, à la 3e personne.
- Il faut choisir un **niveau (ou registre) de langue adapté** à la situation dans laquelle on se trouve : le registre **familier** est à réserver aux conversations entre amis ; le plus fréquent est le registre **courant** ; le registre **soutenu** est plus recherché.

J'applique — À vous !

Laquelle de ces deux phrases est ancrée dans la situation d'énonciation ?

1. J'espère trouver une mission de six mois grâce à mon agence d'intérim.
2. Elle se rendit chez le notaire pour signer l'achat du terrain.

....

1 ★★★ **Soulignez les indices de la situation d'énonciation, puis expliquez en une phrase la situation.**

Le 27 juin prochain, j'aurai dix-huit ans. Finis les interminables trajets en bus, la boue de la cour et le réveil au chant du coq : les lumières de la ville me tendent les bras.

5 points

2 ★★★ **Cochez les phrases exprimées dans un niveau de langue familier ?**

1. ☐ Moi, la campagne, je peux pas la sentir.
2. ☐ J'aime le cinéma, les boutiques, le monde.
3. ☐ Ce que je kiffe le plus, c'est boire un verre en terrasse après le boulot.
4. ☐ On ne peut pas le faire partout.

4 points

3 ★★★ Brevet **Observez ce texte. À quel endroit se passe la scène ? Relevez un champ lexical qui justifiera votre réponse.**

Le pêcheur et sa femme nous précédaient de quelques marches ; Graziella, tenant un de ses petits frères par la main et portant l'autre sur le bras, venait après. Nous suivions derrière, en silence. Au dernier détour d'une des rampes, d'où l'on voit les écueils que l'arête d'un rocher nous empêchait d'apercevoir encore, nous entendîmes un cri de douleur s'échapper à la fois de la bouche du pêcheur et de celle de sa femme. (Lamartine, *Graziella*.)

5 points

4 ★★★ Brevet **Observez cette phrase et répondez aux questions.**

Faut pas pousser ! déjà qu'on gagnait pas grand-chose mais alors là, on n'aura plus de quoi nourrir nos gosses !

1. De quel niveau de langue relève la phrase *Faut pas pousser* ? Justifiez votre réponse.

2. Pourquoi le narrateur utilise-t-il ce niveau de langue ?

3. Dans le même passage, relevez deux expressions du même niveau de langue.

4. Réécrivez cette phrase dans un autre niveau de langue.

6 points

TOTAL : ____ / *20 points*

▶ *Corrigés p. 111*

14 Les paroles rapportées : discours direct, indirect, indirect libre

Dans cette fiche :

- Vous allez apprendre à distinguer différents moyens de rapporter, dans un récit, les paroles des personnages.

J'OBSERVE ET JE COMPRENDS

(1) Il me répondit qu'il ne pouvait rien me promettre.

(2) « Comprends-moi bien, ajouta-t-il, j'ai déjà baissé mon prix de 20 %. Il faut bien que je vive ! »

(3) Il allait réfléchir et me donnerait une réponse le lendemain.

- (1) Les paroles sont rapportées dans une proposition subordonnée : c'est le discours indirect.
- (2) Les paroles sont citées entre guillemets, telles qu'elles ont été prononcées : c'est le discours direct.
- (3) Il n'y a pas de subordonnée, mais le temps des verbes et les pronoms et les connecteurs temporels sont ceux du discours indirect : c'est le discours indirect libre.

J'APPRENDS

- Le **discours direct** rapporte les paroles **entre guillemets telles qu'elles ont été prononcées**, aux personnes (1re et 2e) et temps (présent, passé composé, futur) du discours.
- Le **discours indirect** intègre les paroles au récit au moyen d'une **proposition subordonnée interrogative indirecte**. Il transforme les personnes, les temps, et les connecteurs. Il permet de restituer les particularités de l'expression du locuteur : registre familier ou soutenu, fautes, accent étranger par exemple.
- Les deux types de discours, direct et indirect, introduisent les paroles au moyen d'un **verbe** comme *dire*, *répondre*, *ajouter*, *chuchoter*, *crier*, *demander*, *s'exclamer*... qui précise les conditions du dialogue.
- Le **discours indirect libre** utilise les personnes, temps et connecteurs du discours indirect mais **supprime le verbe introducteur**.

J'APPLIQUE — À VOUS !

Soulignez les paroles rapportées dans les phrases suivantes.

Elle me confia qu'elle n'avait pas d'autre moyen de jouer de la musique. Ses parents l'avaient menacée de l'obliger à arrêter complètement ses études si elle s'obstinait. « Inutile d'insister », m'avait-elle dit.

JE M'ENTRAÎNE

1 ★★★ Indiquez si les paroles en gras sont rapportées au discours direct, indirect ou indirect libre.

1. Au supermarché, j'ai rencontré Sylvain ; il m'a dit **que son groupe jouait à Saint-Germain pour la fête de la musique**.

2. Alors elle m'a crié : **« Ouais ! c'est dingue ce que tu m'annonces, j'aurais jamais cru ça de toi ! »**

3. Il lui fit peur. **Elle irait en enfer si elle voyait encore cet homme.**

4. Elle m'a confié **qu'elle allait quitter sa famille.**

/4 points

2 ★★★ Réécrivez les phrases suivantes en rapportant les paroles au discours direct.

1. Il a dit qu'il regrettait que tu ne sois pas venu.

2. Elle a demandé quand nous aurions nos notes.

/4 points

3 ★★★ Réécrivez les phrases suivantes en rapportant les paroles au discours indirect.

1. Il nous a ordonné : « Taisez-vous ! »

2. Nous lui avons demandé : « Où iras-tu demain ? »

/4 points

4 ★★★ Brevet Lisez ce texte et répondez aux questions.

Je me souviens encore du singulier effet que produisit cette menace. « Baste ! me disais-je, ils peuvent bien me donner deux mille vers [à copier] ; du diable si je trahis Michu ! » (Zola, *Le Grand Michu*.)

1. Comment les paroles intérieures sont-elles rapportées ?

2. Que révèlent-elles sur l'état d'esprit du personnage ?

3. Récrivez la phrase en utilisant une autre forme de discours rapporté.

4. Quelle version vous paraît la meilleure ? Pourquoi ?

/8 points

▶ Corrigés p. 112

TOTAL : ____ / 20 points

15 Le verbe : actif ou passif, pronominal, impersonnel

Dans cette fiche :

- Vous allez apprendre les tournures particulières du verbe.

(1a) Kamel et Adrien ont découvert les filles. (1b) Les filles ont été découvertes par Kamel et Adrien.

(2) Ils se sont bagarrés.

(3) Il pleut des cordes.

- (1a) Le GN *Kamel et Adrien* est le sujet du verbe *ont découvert*. Ce sont vraiment Kamel et Adrien qui font l'action de découvrir : la phrase est à la voix active.

  (1b) Le GN *les filles* est sujet du verbe *ont été découvertes*. Mais ce ne sont pas les filles qui font l'action de découvrir, elles la subissent : la phrase est à la voix passive.

  (2) Le verbe se conjugue avec le pronom *se* : il est pronominal.

  (3) Le pronom *il* est sujet du verbe *pleuvoir*, mais ce n'est pas vraiment *il*, ni personne d'autre en fait, qui fait l'action. Le verbe est impersonnel.

- Un verbe est à la **voix active** si c'est vraiment **le sujet qui fait l'action**.
- Certains verbes peuvent s'utiliser à la **voix passive** : **le sujet subit l'action**, qui est faite par un GN qui a la fonction de complément d'agent quand il est exprimé, ce qui n'est pas toujours le cas *(les filles ont été découvertes)*.
- Les **verbes pronominaux** se conjuguent avec un **pronom personnel réfléchi** *(je me… ; tu te… ; il se… ; nous nous… ; vous vous… ; ils se…)*.
- À la **tournure impersonnelle**, le sujet grammatical est *il*, mais ce n'est pas *il* qui fait l'action. Le véritable sujet de l'action est alors parfois appelé **sujet réel** (*Il vient* ***du monde***).

Indiquez par des lettres les particularités d'emploi de chacun des verbes conjugués de la phrase suivante : AC (actif) PA (passif) PR (pronominal) IM (impersonnel).

Il faut que j'aille vérifier si la porte a bien été fermée pour éviter que la chienne ne s'enfuie.

1 ★★★ **Réécrivez les phrases suivantes à la voix passive.**

1. La crise boursière a fragilisé les ménages endettés.

2. Omar m'invite à une soirée.

3. Les enfants ont tondu la pelouse.

4. Les limaces ont dévoré les salades.

4 points

2 ★★★ **Réécrivez les phrases suivantes en utilisant la voix active.**

1. La voiture est remorquée par une dépanneuse.

2. Le top départ fut donné à midi.

4 points

3 ★★★ **Réécrivez les phrases suivantes en utilisant un verbe impersonnel.**

1. Un appareil photo de 2 mégapixels suffit pour obtenir des photos d'une qualité correcte.

2. Près de vingt accessoires différents existent pour ta console.

4 points

4 ★★★ **Réécrivez les phrases suivantes en utilisant un verbe à la tournure pronominale à la place des mots en gras.**

1. Le **déplacement du** TGV est de 300 km/h.

2. Le menu du jour à 8 euros **est composé** d'une entrée, d'un poisson ou d'une viande avec légumes et d'un café.

4 points

5 ★★★ **Brevet Réécrivez la phrase suivante à la voix passive.**

Un grand feu, dans une grande cheminée, et deux candélabres sur une table, éclairaient la chambre qui était vaste et confortable.

4 points

TOTAL : ____ / 20 points

▶ *Corrigés p. 112*

16 Le système des temps et des modes

Dans cette fiche :

- Vous allez apprendre à utiliser les modes et temps de façon cohérente.

(1) Elle finit son repas. Elle finira son repas plus tard. Elle a fini son repas.

(2) Elle finissait son repas lorsque le téléphone sonna. Je pensais qu'elle avait fini. Je pensais qu'elle finirait plus tard.

(3a) Je veux qu'elle finisse son repas. (3b) Si elle faisait un effort, elle finirait d'abord son repas.

- (1) et (2) Ces phrases sont au mode indicatif.
- (1) Les phrases sont ancrées dans la situation d'énonciation (voir fiche 13) : les temps sont le présent, le passé composé et le futur.
- (2) Les phrases sont coupées de la situation d'énonciation : les temps sont l'imparfait et le passé simple, le plus-que-parfait et le conditionnel présent à valeur de futur dans le passé.
- (3) L'action de *finir* est incertaine. C'est pourquoi elle est au subjonctif présent (3a) ou au conditionnel présent (3b) et non à l'indicatif.

- L'**indicatif** est le mode du **réel**. Il permet de situer les actions dans le temps par rapport :
  - **au moment de l'énonciation** (énoncé ancré dans la situation d'énonciation). Le temps de base est le **présent**. Le passé composé et l'imparfait expriment les actions antérieures (avant) à ce moment, le futur les actions postérieures (après) ;
  - **à un moment du passé** (énoncé coupé de la situation d'énonciation). Les temps de base sont **l'imparfait** et le **passé simple**. L'imparfait exprime les actions à l'arrière-plan, les descriptions ou les explications. Le passé simple exprime les événements les plus importants. Le plus-que-parfait situe les actions comme antérieures. Le conditionnel présent exprime les actions postérieures (après) au moment de base, mais antérieures à l'énonciation : il a une valeur temporelle de futur dans le passé.
- Le **subjonctif** est le mode du **virtuel**. Il peut exprimer la volonté, le souhait.
- Le **conditionnel** exprime des **hypothèses**.

Soulignez les verbes à l'indicatif en bleu, au subjonctif en rouge.

Il veut que je porte son sac mais je porte déjà le mien.

1 ★★★ **Conjuguez le verbe entre parenthèses aux mode, temps et personne qui conviennent.**

4 points

1. Quand il *(finir)* .... ses devoirs, il devait aller faire les courses.
2. Le repas devait être prêt avant que le père ne *(être)* .... de retour.
3. Ce soir-là, quand le père *(rentrer)* ...., Baptiste *(dormir)* .... sur son cahier.

2 ★★★ **Même consigne.**

4 points

1. Si j'étais riche, je *(faire)* .... le tour du monde.
2. J'aimerais bien que tu *(venir)* .... me voir.
3. Si tu veux, nous *(aller)* .... à la mer.
4. Si j'avais eu le courage, je *(venir)* ....

3 ★★★ **Justifiez l'emploi du mode et du temps de chacun des verbes en gras.**

4 points

1. On espérait qu'il **ferait** beau.

....

2. Le ciel **était** bleu, en effet, mais il **avait plu** et le sol était trempé.

....

3. La mariée **glissa** sur l'herbe dès la première danse.

....

4 ★★★ Brevet **Dans cette phrase, indiquez le mode et le temps de la forme verbale en gras, puis justifiez l'emploi de ce temps.**

3 points

Quand l'été arriva, j'**avais gagné** l'estime de plusieurs de mes camarades.

....

....

5 ★★★ Brevet **Réécrivez ce texte en remplaçant *je* par *ils* et l'imparfait par le présent. Faites les autres changements nécessaires.**

5 points

Je m'habituais progressivement à l'internat. J'avais des notes correctes en classe. Je m'étais fait quelques amis, dont j'avais gagné l'estime au moment du cross qui avait eu lieu au début de l'année scolaire.

....

....

....

....

TOTAL : ____ / 20 points

▶ Corrigés p. 113

17 Les valeurs du présent

Dans cette fiche :

▶ Vous allez découvrir la variété des emplois du présent.

(1) Il **est** 12 h 35. La cantine **est** calme aujourd'hui. J'**ai** 14 ans.

(2) Je **déjeune** chaque jour à 12 h 30.

(3) La Terre **tourne** autour du Soleil.

(4) Ils arrivèrent au grand galop. Soudain tout s'**arrête**.

- Tous ces verbes sont au présent. Mais qu'exprime ce temps dans chacune de ces phrases ?
- (1) L'action se produit au moment où le locuteur s'exprime, avec une durée de validité plus ou moins brève (une minute à un an). C'est la valeur de base du présent.
- (2) Il s'agit d'une habitude.
- (3) C'est une vérité générale.
- (4) On s'attendrait à un passé simple après le verbe *s'arrêtèrent*. Ce présent, appelé « de narration », dramatise l'action.

- Le présent de l'indicatif peut avoir de nombreuses valeurs.
- Sa valeur de base est d'exprimer des actions qui ont lieu **au moment de l'énonciation**. C'est donc le temps de base du **dialogue** et de tout énoncé ancré dans la situation d'énonciation.
- Il peut exprimer une **habitude** *(Je déjeune chaque jour à 12 h 30)*.
- Il peut avoir une valeur très large de **vérité générale**, notamment dans les domaines de la science et de la morale *(Il ne faut pas vendre la peau de l'ours…)*.
- Le **présent de narration** interrompt brutalement un récit au passé simple en rendant l'action comme vivante au moment de la narration *(Ils arrivèrent au grand galop. Soudain tout s'arrête)*.

Réécrivez au présent la phrase suivante.

Mes parents me confiaient le soin de garnir le sapin et j'y prenais grand plaisir.

JE M'ENTRAÎNE

1 ★★★ **Indiquez la valeur du présent dans les phrases suivantes.**

1. Je passe toujours le réveillon de Noël chez mes grands-parents maternels.

....

2. Il fait vraiment chaud.

....

3. Il ne faut pas manger trop salé.

....

4. Nous nous dépêchions de terminer la décoration du buffet et les invités commençaient à arriver quand patatras ! Un saladier m'échappe des mains.

....

5. L'eau bout à 100 degrés.

....

6. Je ne me souviens pas de mes premiers cadeaux de Noël.

....

/6 *points*

2 ★★★ **Accordez les verbes de ce récit dans lequel se produit un événement brutal qui est exprimé au présent de narration.**

J'entrai dans la cuisine sur la pointe des pieds et m'*(approcher)* .... du buffet. Je *(tendre)* .... la main pour saisir quelques chocolats dans la coupe quand un bruit de pas me *(faire)* .... tourner la tête. Ma mère *(entrer)* .... et *(allumer)* .... la lumière. « Qu'est-ce que tu (faire) .... là, bandit ? » me *(dire)* ....-elle. Et elle *(emporter)* .... les chocolats. Je *(devoir)* .... retourner bredouille dans ma chambre.

/6 *points*

3 ★★★ Brevet **Lisez cet extrait du *Dormeur éveillé* de Jean-Bertrand Pontalis et répondez aux questions.**

J'avais cinq ans. Ma famille trouvait que j'avais les yeux en amande, pour un peu elle eût dit bridés. À l'occasion d'une fête costumée, je me retrouve transformé en petit chinois.

1. Quelle est la valeur du présent dans la deuxième phrase ?

....

2. Citez deux autres valeurs que ce temps peut avoir, en illustrant chacune d'elles par un exemple.

....

....

/8 *points*

TOTAL : /20 points

▶ *Corrigés p. 113*

Bilan 1 Grammaire

Cochez la bonne case quand vous avez trouvé la réponse. Il n'existe qu'une seule possibilité. Chaque bonne réponse vaut 2 points.

1 Dans « je les vois », *les* est un :

2 points

a. ☐ article défini
b. ☐ pronom personnel
c. ☐ pronom possessif

2 Parmi les verbes suivants, lequel est un verbe d'état ?

2 points

a. ☐ changer
b. ☐ être
c. ☐ se rebeller
d. ☐ mettre

3 « Je vais à Paris. » Dans cette phrase, le GN *à Paris* est :

2 points

a. ☐ un complément d'objet direct (COD)
b. ☐ un complément d'objet indirect (COI)
c. ☐ un complément circonstanciel de lieu (CCL)
d. ☐ un complément d'objet second (COS)

4 Dans « je veux que tu viennes », la proposition subordonnée est :

2 points

a. ☐ relative
b. ☐ complétive
c. ☐ interrogative indirecte

5 Une proposition relative est :

2 points

a. ☐ complément de l'antécédent
b. ☐ complément d'objet direct (COD)
c. ☐ complément d'agent (CA)

2 points

❻ « Ils sont venus. » La phrase est :

a. ☐ active
b. ☐ passive
c. ☐ impersonnelle

2 points

❼ *Étant donné que* indique :

a. ☐ la cause
b. ☐ le but
c. ☐ la conséquence

2 points

❽ Dans « Tu peux entrer, je suis là », le présent a une valeur de :

a. ☐ narration
b. ☐ énonciation
c. ☐ habitude

2 points

❾ « Il m'a annoncé que je pourrais le rejoindre cet été. » Si on réécrit cette phrase au présent, ça donne :

a. ☐ Il m'annonce qu'il pourra me rejoindre cet été.
b. ☐ Il m'annonce que je pourrais le rejoindre cet été.
c. ☐ Il m'annonce que je pourrai le rejoindre cet été.

2 points

❿ « C'est moi qui l'ai trouvé. » Cette phrase est :

a. ☐ emphatique
b. ☐ passive
c. ☐ impersonnelle
d. ☐ incorrecte

TOTAL : ____ / 20 points

▶ Corrigés p. 113

18 L'indicatif : temps simples et temps composés

Dans cette fiche :

- Vous allez apprendre à reconnaître les temps composés.

(1) Quand il a nagé 1 000 mètres, il sort de l'eau.
(2) Quand il avait nagé 1 000 mètres, il sortait de l'eau.
(3) Quand il eut nagé 1 000 mètres, il sortit de l'eau.
(4) Quand il aura nagé 1 000 mètres, il sortira de l'eau.

- Ces quatre phrases contiennent chacune deux verbes, conjugués l'un à un temps simple *(il sort, il sortait, il sortit, il sortira)*, l'autre à un temps composé *(il a nagé, il avait nagé, il eut nagé, il aura nagé)*.
- Les actions exprimées par ces verbes se situent ainsi l'une par rapport à l'autre.

- Les **temps simples** de l'indicatif situent les actions **dans le temps** : présent, passé ou futur.
- Les **temps composés** situent les actions **les unes par rapport aux autres**. Chaque temps composé correspond à un temps simple.
- Le **passé composé** correspond au **présent**. Il est constitué de l'auxiliaire *avoir* ou *être* conjugué au présent + le participe passé du verbe conjugué (*il a nagé* ; *il est descendu*).
- Le **plus-que-parfait** correspond à l'**imparfait**. Il est constitué de l'auxiliaire *avoir* ou *être* conjugué à l'imparfait + le participe passé du verbe conjugué (*il avait nagé* ; *il était descendu*).
- Le **passé antérieur** correspond au **passé simple**. Il est constitué de l'auxiliaire *avoir* ou *être* conjugué au passé simple + le participe passé du verbe conjugué (*il eut nagé, il fut descendu*).
- Le **futur antérieur** correspond au **futur**. Il est constitué de l'auxiliaire *avoir* ou *être* conjugué au futur + le participe passé du verbe conjugué (*il aura nagé* ; *il sera descendu*).

Conjuguez « je travaille » aux temps composés suivants.

1. plus-que-parfait ➤ ....
2. futur antérieur ➤ ....
3. passé antérieur ➤ ....

1 ★★★ Conjuguez les verbes comme indiqué.

5 points

1. *faire*, futur antérieur, 1re personne du singulier ➤ ……………………
2. *combattre*, passé antérieur, 3e personne du pluriel ➤ ……………………
3. *partir*, passé composé, 2e personne du pluriel ➤ ……………………
4. *avoir peur*, plus-que parfait, 2e personne du singulier ➤ ……………………
5. *prendre*, passé antérieur, 3e personne du singulier ➤ ……………………

2 ★★★ Conjuguez les verbes entre parenthèses comme indiqué.

5 points

Quand juillet arriva, ils (*finir*, plus-que-parfait) …………………… les cours et les examens. Ils (*se demander*, imparfait) …………………… comment s'occuper, quand Jérémie (*proposer*, passé simple) …………………… :

« Et si nous cherchions un petit boulot, au marché, par exemple ? Quand on (*gagner*, futur antérieur) …………………… chacun trois cents euros, on (*pouvoir*, futur) …………………… partir quelques jours. Qu'en (dire, présent) ……………………-vous ? »

3 ★★★ Indiquez à quel temps est conjugué le verbe en gras.

5 points

Lorsqu'il **eut ouvert** (……………………) la boîte de sardines, Roubaud **perdit** (……………………) décidément patience. Le rendez-vous **était** (……………………) pour trois heures. Séverine poussa la porte, toute joyeuse :

« C'**est** (……………………) moi… hein ? Tu **as dû** (……………………) croire que j'étais perdue. » (Zola, *La Bête humaine*.)

4 ★★★ Brevet Observez la phrase suivante et répondez aux deux questions.

5 points

Mon année de troisième fut joyeuse grâce aux amis que *j'avais trouvés* au fil des quatre années de collège.

1. À quel mode et à quel temps est la forme verbale en italiques ?

……………………………………………………

……………………………………………………

2. Pourquoi a-t-on employé ce temps ?

……………………………………………………

……………………………………………………

TOTAL : ____ / 20 points

► Corrigés p. 114

19 Le présent de l'indicatif

Dans cette fiche :

▶ Vous allez revoir le présent de l'indicatif, peut-être plus compliqué qu'il n'en a l'air…

J'observe et je comprends

(1) À la fin du tournant, elle **appuie** sur le champignon et **repart** en trombe.

(2) Tu me **suis** ?

(3) Vous **faites** attention ?

(4) Vous me dites si je vous **prends** la tête…

- À la 1re personne du singulier, la terminaison est en général *-e* (verbes du 1er groupe) ou *-s* (*je prends*). À la 3e personne du singulier, la terminaison est *-e*, *-t* ou *-d* (*il prend*).
- *Vous faites* et *vous dites* s'écrivent sans accent circonflexe.

J'apprends

- **Les verbes en *-yer*** prennent un *-i* aux 1re, 2e, et 3e personnes du singulier *(tu appuies)* et à la 3e personne du pluriel *(ils appuient)*. Ils prennent un *-y* aux 1re et 2e personnes du pluriel *(vous appuyez)*. Les verbes en ***-ayer*** peuvent garder leur *-y (je paie* ou *je paye)*.
- **Les verbes en *-eler* et *-eter*** doublent le *-l* ou le *-t* au singulier *(tu appelles)* et à la 3e personne du pluriel, sauf quelques **exceptions** comme *acheter, haleter, déceler, modeler, peler…*
- Tous les autres verbes des **2e et 3e groupes** prennent un *-s* à la première personne du singulier, un *-t* à la 3e.
- **Les verbes en *-dre*** gardent leur *-d* et font *-ds, -ds, -d…* sauf *peindre* et *résoudre (il résout)*. Les verbes *pouvoir, vouloir,* et *valoir* n'ont pas de *-s* mais un *-x (je peux, je vaux)*.
- **Les verbes en *-aître* et *-oître*** prennent un accent circonflexe sur le *-i* devant *-t* à la 3e personne du singulier *(il naît ; cette plante croît)*.

J'applique — À vous !

Conjuguez les verbes suivants à la 1re personne du singulier et à la 3e du pluriel du présent de l'indicatif.

1. écrire ➤ ……………………………………………

2. pouvoir ➤ ……………………………………………

3. mourir ➤ ……………………………………………

4. payer ➤ ……………………………………………

5. combattre ➤ ……………………………………………

❶ ★★★ Conjuguez au présent de l'indicatif les verbes suivants.

1. *cueillir*, 2e personne du pluriel ➤ ....
2. *aller*, 3e personne du pluriel ➤ ....
3. *dire*, 2e personne du pluriel ➤ ....
4. *prendre*, 1re personne du singulier ➤ ....
5. *voir*, 3e personne du pluriel ➤ ....

/5 points

❷ ★★★ Conjuguez au présent de l'indicatif les verbes entre parenthèses. Attention aux accords.

Je *(vouloir)* .... un peu de liberté, comme en *(avoir)* .... mes amies. Elles *(aller)* .... ensemble faire du shopping tandis que vous m'*(obliger)* .... toujours à acheter mes vêtements avec vous. Vous ne me *(faire)* .... toujours pas confiance !

/5 points

❸ ★★★ Brevet Réécrivez les phrases suivantes au présent de l'indicatif.

1. Quand on voulait manger une tarte, on courait au verger.

....

....

2. On secouait un pommier ou un prunier, selon les consignes maternelles, et on ramassait les fruits tombés.

....

....

3. Parfois on grimpait à l'arbre et on s'asseyait à califourchon sur la branche qui nous paraissait la plus solide.

....

....

4. Les filles récupéraient d'en bas les fruits qu'on leur lançait.

....

....

5. Au retour, on se rappelait les moments les plus périlleux.

....

....

/10 points

TOTAL : /20 points

▶ Corrigés p. 114

20 Le passé simple

Dans cette fiche :

- Vous allez apprendre à conjuguer sans vous tromper le passé simple, même s'il n'est pas vraiment utilisé dans la vie courante mais plutôt dans les récits littéraires.

J'OBSERVE ET JE COMPRENDS

Il **fut** soulagé quand il **fit** jour. Il **se leva** alors et **vint** jusqu'à la clôture pour respirer l'air frais.

- À la 3e personne du singulier, quatre terminaisons sont possibles : *-ut* (*être*), *-it* (*faire*), *-a* (*se lever*) et *-int* (*venir*).

J'APPRENDS

- Au passé simple, il existe **4 modèles de conjugaison**, chacun caractérisé par une voyelle : *-a* / *-i* / *-u* / *-in*.
- ***-a*** (verbes du **1er groupe** + *aller*)

  danser ➤ je dansai, tu dansas, il / elle / on dansa, nous dansâmes, vous dansâtes, ils / elles dansèrent
- ***-i*** (verbes du **2e groupe** + *prendre, peindre, dire, écrire, rire, suivre, mettre, battre, faire, sentir, couvrir, servir, dormir, faire, cueillir*)

  dire ➤ je dis, tu dis, il / elle / on dit, nous dîmes, vous dîtes, ils / elles dirent
- ***-u*** (verbes du **3e groupe** : *être, avoir, connaître, vouloir, courir, mourir, recevoir, devoir, vivre, savoir, pouvoir, croire, conclure, boire, lire*)

  vouloir ➤ je voulus, tu voulus, il / elle / on voulut, nous voulûmes, vous voulûtes, ils / elles voulurent
- ***-in*** (verbes du **3e groupe** en *-enir* : *tenir, venir* et leurs composés *détenir, retenir, devenir, se souvenir*…)

  tenir ➤ je tins, tu tins, il / elle / on tint, nous tînmes, vous tîntes, ils / elles tinrent

Attention ! Seules les deux premières personnes du pluriel prennent un accent circonflexe.

J'APPLIQUE — À vous !

Conjuguez au passé simple, à la 1re et à la 3e personne du singulier et du pluriel, les verbes prendre et prier.

1. prendre ➤ ....

....

2. prier ➤ ....

....

JE M'ENTRAÎNE

1 ★★★ **Conjuguez les verbes suivants au passé simple.**

1. *aller*, 3e personne du singulier
➤ ……………………………………………………
2. *écrire*, 1re personne du pluriel
➤ ……………………………………………………
3. *courir*, 3e personne du singulier
➤ ……………………………………………………
4. *apercevoir*, 1re personne du singulier
➤ ……………………………………………………

4 points

2 ★★★ **Même consigne dans le texte ci-dessous. Attention aux accords !**

La première fois que Laura *(voir)* ……………… Bastien, elle le *(trouver)* ……………… idiot. Mais elle *(rire)* ……………… de ses blagues stupides et elle ne *(pouvoir)* ……………… s'empêcher de parler de lui, les jours suivants, avec Justine.

4 points

3 ★★★ **Faites-vous dicter cet extrait du *Père Goriot* de Balzac. Les mots suivis d'un astérisque seront épelés.**

Arrivé rue Neuve-Sainte-Geneviève*, il monta rapidement chez lui, descendit pour donner dix francs au cocher, et vint dans cette salle à manger nauséabonde où il aperçut, comme des animaux à un râtelier, les dix-huit convives en train de se repaître. Le spectacle de ces misères et l'aspect de cette salle lui furent horribles.

6 points

4 ★★★ Brevet **Récrivez le texte suivant en remplaçant *je* par *nous* et *Fabrice* par *Fabrice et Nathan*.**

Je vis Fabrice s'avancer dans le bois et je le suivis en hésitant. Il m'appela pour m'encourager à m'approcher de lui puis il me tint la main jusqu'à la clairière.

……………………………………………………
……………………………………………………
……………………………………………………
……………………………………………………
……………………………………………………
……………………………………………………
……………………………………………………
……………………………………………………
……………………………………………………

6 points

TOTAL : ____ / 20 points

➤ Corrigés p. 114

21 Le conditionnel

Dans cette fiche :

▶ Vous allez apprendre comment conjuguer et utiliser le conditionnel.

(1) Je **mangerais** bien un gâteau au chocolat !
(2) Si je pouvais, je **ferais** le tour du monde.
(3) Si j'avais pu, **j'aurais fait** le tour du monde.
(4) Je pensais qu'il **arriverait** plus tard.

- Observez les verbes en **gras** : *mangerais*, *ferais* et *arriverait* sont au conditionnel présent, *aurais fait* au conditionnel passé.
- (1) (2) (3) *Mangerais*, *ferais* et *aurais fait* expriment des actions qui ne se réalisent pas pour de bon au moment dont on parle. Le conditionnel a bien une valeur de mode.
- (4) En revanche, *arriverait* a une valeur de futur dans le passé.

- Le conditionnel se conjugue **à deux temps** : présent et passé. Au présent, à la 1re personne du singulier, il se distingue du futur par sa **terminaison en *-s***.
- **Conditionnel présent**
  - *chanter* ➤ je chanterais, tu chanterais, nous chanterions
  - *prendre* ➤ je prendrais, tu prendrais, ils / elles prendraient
  - *vouloir* ➤ je voudrais, vous voudriez
  - *aller* ➤ j'irais, tu irais, il / elle / on irait, nous irions, vous iriez
- **Conditionnel passé**
  - *chanter* ➤ j'aurais chanté, tu aurais chanté, il / elle / on aurait chanté
  - *prendre* ➤ j'aurais pris, nous aurions pris, vous auriez pris
  - *vouloir* ➤ j'aurais voulu, tu aurais voulu, ils / elles auraient voulu
  - *aller* ➤ je serais allé-e, nous serions allés-ées
- Le conditionnel peut avoir une valeur de **souhait** (*je mangerais bien un gâteau*), d'**irréel** du présent (*si je pouvais, je voyagerais*) ou du passé (*si j'avais pu, j'aurais voyagé*), d'**atténuation** (*pourriez-vous me passer le sel ?*) ou une valeur temporelle de **futur dans le passé** (*je pensais qu'il arriverait*).

Conjuguez être et savoir au conditionnel présent et au conditionnel passé à la 1re personne du singulier et à la 3e personnne du pluriel.

1. être ➤ ....

2. savoir ➤ ....

1 ★★★ **Conjuguez les verbes suivants au conditionnel comme indiqué.**

4 points

1. *pouvoir*, passé, 2e personne du pluriel ➤ ……………………
2. *courir*, présent, 1re personne du pluriel ➤ ……………………
3. *voir*, présent, 1re personne du singulier ➤ ……………………
4. *crier*, présent, 3e personne du pluriel ➤ ……………………

2 ★★★ **Conjuguez les verbes entre parenthèses dans le texte suivant aux temps et mode indiqués. Attention aux accords !**

3 points

Elle le persuada qu'ils (*être*, conditionnel présent) …………… heureux dans sa maison en bord de mer et que la vie en ville ne leur (*manquer*, conditionnel présent) …………… pas. Il finit par accepter : il (*être*, conditionnel passé) …………… dommage de ne pas essayer alors qu'elle était si charmante !

3 ★★★ **Conjuguez les verbes entre parenthèses au futur de l'indicatif ou au conditionnel présent selon le sens de la phrase.**

5 points

1. Quoi ! je *(s'ennuyer)* …………… ici tout seul alors que je *(pouvoir)* …………… être en Italie !
2. Dans cinq ans, je m'*(offrir)* …………… des voyages, moi aussi.
3. Si tu étais gentil, tu me *(proposer)* …………… de te rejoindre.
4. Je pense qu'il *(pleuvoir)* …………… dans les jours à venir.

4 ★★★ **Indiquez la valeur du conditionnel dans les phrases suivantes (souhait, futur dans le passé, irréel du présent ou du passé, atténuation).**

3 points

1. J'aimerais faire un long voyage. ➤ ……………………
2. J'espérais que ce serait possible cette année. ➤ ……………………
3. Si j'avais pu, je serais allé aux États-Unis. ➤ ……………………

5 ★★★ Brevet **Réécrivez les phrases suivantes en les faisant commencer par : « Le directeur nous a dit que ».**

5 points

1. Nous serons répartis dans des chambres de quatre ou cinq personnes.

……………………………………………………

……………………………………………………

2. Le soir, les moniteurs organiseront des soirées à thème. Les parents recevront des nouvelles par Internet.

……………………………………………………

……………………………………………………

TOTAL : ……… / 20 points

➤ Corrigés p. 115

22 Le subjonctif

Dans cette fiche :

- Vous allez apprendre comment conjuguer et utiliser le subjonctif.

J'OBSERVE ET JE COMPRENDS

(1) Pourvu qu'il **vienne** !

(2) Bien qu'il **fasse** froid, je sors un peu.

(3) Ils voulaient une fille qui **eût** toutes les perfections possibles.

- Observez les verbes en **gras**.
- (1) et (2) Le verbe est conjugué au subjonctif présent.
- (3) Le verbe est conjugué au subjonctif imparfait.

J'APPRENDS

- Le subjonctif est le mode du **virtuel** (c'est-à-dire du possible, de l'incertain), qu'il s'utilise en proposition indépendantes (1) ou en subordonnée (2 et 3).
- Il se conjugue à quatre temps : **deux temps simples** et **deux temps composés**. Le subjonctif imparfait se forme à partir du passé simple de l'indicatif.
- **Subjonctif présent**
  - *chanter* ➤ que je chante, que nous chantions
  - *vivre* ➤ que je vive, que nous vivions
  - *aller* ➤ que j'aille, que nous allions
- **Subjonctif passé**
  - *chanter* ➤ que j'aie chanté, que nous ayons chanté
  - *vivre* ➤ que j'aie vécu, que nous ayons vécu
  - *aller* ➤ que je sois allé, que nous soyons allés
- **Subjonctif imparfait**
  - *chanter* ➤ que je chantasse, qu'il chantât
  - *vivre* ➤ que je vécusse, qu'il vécût
  - *aller* ➤ que j'allasse, qu'il allât
- **Subjonctif plus-que parfait**
  - *chanter* ➤ que j'eusse chanté, qu'il eût chanté
  - *vivre* ➤ que j'eusse chanté, qu'il eût chanté
  - *aller* ➤ que je fusse allé, qu'il fût allé

J'APPLIQUE — À vous !

Conjuguez le verbe vouloir aux subjonctifs présent, passé et imparfait à la 1re et à la 3e personnes du singulier.

....

....

JE M'ENTRAÎNE

1 ★★★ **Conjuguez les verbes suivants aux temps, mode et personne indiqués.**

4 points

1. *savoir*, subjonctif présent, 3e personne du pluriel ➤ ....
2. *dire*, subjonctif passé, 3e personne du singulier ➤ ....
3. *être*, subjonctif présent, 1re personne du pluriel ➤ ....
4. *écrire*, subjonctif imparfait, 3e personne du singulier ➤ ....

2 ★★★ **Indiquez à quel mode et à quel temps sont conjugués les verbes en gras dans les phrases suivantes.**

5 points

Il **n'avait pas songé** (..............................) à utiliser ainsi cette confrontation ; mais par instinct de métier, il **sentit** (..............................), à cette minute, que la vérité **passait** (..............................) dans l'air. [...] « L'homme avait-il sa barbe entière, comme vous ? » demanda-t-il à Roubaud. Ce dernier **eut** (..............................) la force de répondre, sans que sa voix **tremblât** (..............................) : « Sa barbe entière, non, non ! »

3 ★★★ **Conjuguez le verbe au passé simple ou au subjonctif imparfait selon le sens de la phrase.**

4 points

1. Le jour où il *(décider)* .... de reprendre ses études, personne ne le *(croire)* ....
2. Bien qu'il *(être)* .... curieux de tout et doué pour les études, il avait abandonné le collège très tôt pour gagner sa vie.
3. Malgré les moqueries, il *(s'inscrire)* .... à un cours.

4 ★★★ **Expliquez l'emploi du subjonctif dans les phrases suivantes.**

4 points

1. Je t'interrogerai jusqu'à ce que tu saches ta leçon.

....

2. Que tous ceux qui veulent participer au jeu me suivent.

....

3. Travaillant aux champs tout le jour, il fallait qu'il révisât ses leçons durant la nuit.

....

5 ★★★ Brevet **Récrivez la phrase suivante en mettant le verbe *exiger* au présent de l'indicatif et en faisant les autres modifications nécessaires.**

3 points

Il exigea qu'ils fussent ponctuels et se tinssent en uniformes à la grille.

....

TOTAL : ______ / 20 points

➤ Corrigés p. 115

Bilan 2 Conjugaison

Cochez la bonne case quand vous avez trouvé la réponse. Il n'existe qu'une seule possibilité. Chaque bonne réponse vaut 2 points.

1 Dans « j'eus fait », le verbe *faire* est au :

2 points

a. ☐ passé simple
b. ☐ subjonctif passé
c. ☐ passé antérieur

2 Dans la chanson, que dit le loup ?

2 points

a. ☐ Je mes mes chaussettes.
b. ☐ Je mais mes chaussettes.
c. ☐ Je mets mes chaussettes.
d. ☐ Je met mes chaussettes.

3 Le verbe *aller* au passé simple à la 1re personne du singulier, c'est :

2 points

a. ☐ j'alla
b. ☐ j'allas
c. ☐ j'allais
d. ☐ j'allai

4 Dans « je croyais qu'on irait au restaurant », *irait* est au :

2 points

a. ☐ subjonctif présent à valeur de souhait
b. ☐ conditionnel présent à valeur de futur dans le passé

5 Dans « je fus pris d'un fou rire », le verbe est :

2 points

a. ☐ *prendre* au passé antérieur
b. ☐ *être* au passé simple
c. ☐ *prendre* au présent de la voix passive

6 Le subjonctif imparfait du verbe *tenir* à la 1re personne du pluriel, c'est :

2 points

a. ☐ nous tinssions
b. ☐ nous tîmes
c. ☐ nous tînmes

7 Le conditionnel a une valeur :

2 points

a. ☐ de mode
b. ☐ de temps
c. ☐ de mode ou de temps selon les phrases

8 Le subjonctif est le mode du :

2 points

a. ☐ virtuel
b. ☐ passé
c. ☐ réel

9 Dans « j'aurais voulu être un artiste », le verbe est au :

2 points

a. ☐ subjonctif passé
b. ☐ conditionnel passé
c. ☐ indicatif passé

10 Si on réécrit « je pense qu'il viendra » en mettant « je pense » à l'imparfait, ça donne :

2 points

a. ☐ Je pensai qu'il viendrait.
b. ☐ Je pensais qu'il viendra.
c. ☐ Je pensais qu'il viendrait.

TOTAL : ____ / 20 points

▶ Corrigés p. 116

23 L'accord sujet-verbe

Dans cette fiche :

- Vous allez apprendre à éviter les fautes d'accord entre le verbe et son sujet.
- Vous pourrez ainsi améliorer sensiblement votre orthographe

J'observe et je comprends

Le père leur *donne* les instructions qu'ils doivent suivre. **La mère**, muette de chagrin et d'inquiétude, les *regarde* partir de la fenêtre. **Le grand fils, sa sœur et le petit** *s'éloignent* avec assurance.

- Observez ces phrases : les sujets sont en **gras**, les verbes sont en *italiques*.
- Le sujet de *donne* n'est pas *leur*, mais *le père*, il est donc au singulier.
- De même, le sujet de *regarde* n'est pas *les*, mais *la mère* qui est difficile à repérer car loin du verbe.
- Le verbe *s'éloigne* a trois sujets chacun au singulier, dont l'addition justifie un accord au pluriel.

J'apprends

- Le verbe s'accorde **toujours** avec son sujet. On identifie le sujet en se posant la question **Qui est-ce qui ? + verbe**.
- Vous devez vous poser cette question au moment où vous écrivez, sans attendre la relecture.
- Dans la plupart des cas, le sujet est placé juste **avant** le verbe et son identification va de soi.
- Dans d'autres cas, c'est plus difficile : le verbe peut être **éloigné** du sujet, ou placé **avant lui** *(Tant que vivront **les princes**...)* ; un pronom complément peut **séparer** le verbe du sujet.
- Lorsque le verbe a **plusieurs sujets**, il s'accorde au **pluriel**.

J'applique – À vous !

Dans les phrases suivantes, soulignez les verbes et encadrez leur sujet en les reliant l'un à l'autre.

1. Nicolas et Sadia, qui n'avaient jamais vu la mer, la découvrirent ensemble, à vingt ans.

2. Ils avaient travaillé tout l'été dans un supermarché et avaient pris le train pour Dieppe un gris matin de septembre.

3. Aussi étaient-ils seuls à fouler les galets et la plage leur appartenait.

1 ★★★ **Soulignez l'orthographe correcte parmi les formes proposées entre parenthèses.**

1. Les chatons (tète – têtes – têtent) leur mère.

2. Elle leur (abandonne – abandonnes – abandonnent) ses mammelles gonflées et (s'étire – s'étires – s'étirent) sur le tapis.

3. Puis elle se (redresse – redresses – redressent) et les (débarbouille – débarbouilles – débarbouillent) de la langue.

4. Ils (ronronne – ronronnes – ronronnent) de plaisir.

6 points

2 ★★★ **Accordez les verbes entre parenthèses au présent de l'indicatif.**

Les cavaliers *(s'avancer)* .... sur la ligne de départ. Le coup de sifflet *(retentir)* ...., ils s'élancent. Le premier *(prendre)* .... la corde mais deux autres le *(suivre)* .... de près. Le cavalier de tête les *(voir)* .... arriver, il *(cravacher)* .... sa monture qui *(allonger)* .... encore la foulée. Mais on les *(doubler)* ...., c'est trop tard.

4 points

3 ★★★ Brevet **Réécrivez le texte suivant en remplaçant *Gabrielle* par *Gabrielle et Louise* et en effectuant toutes les modifications nécessaires.**

Gabrielle s'en va, elle fuit plutôt. Réfugiée dans sa voiture, elle roule sans savoir où. Et puis un soir elle voit soudain la mer, au loin, et son visage s'éclaire.

....

....

....

....

4 points

4 ★★★ Brevet **Dictée. Faites-vous dicter cet extrait de *L'Assommoir* de Zola. Les mots suivis d'un astérisque seront épelés.**

Depuis la promenade, pourtant, elle devenait par moments toute triste, elle regardait son mari et les Lorilleux* de son air pensif et raisonnable. Elle trouvait Coupeau* lâche devant sa sœur. La veille encore, il criait fort, il jurait de les remettre à leur place, ces langues de vipères, s'ils lui manquaient. Mais en face d'eux, elle le voyait bien, il faisait le chien couchant, guettant sortir leurs paroles, étaient aux cent coups quand il les croyait fâchés.

6 points

TOTAL : ____ / 20 points

▶ Corrigés p. 116

24 L'accord adjectif-nom

Dans cette fiche :

- Vous allez apprendre à penser à accorder les adjectifs avec le nom auquel ils se rapportent !
- Vous économiserez ainsi de nombreuses fautes.

J'OBSERVE ET JE COMPRENDS

Elle portait une robe fluide **bleue** et **gris clair** et des bottes **marron**. Plus **élégantes** encore, sa sœur et sa mère étaient habillées de tailleurs-pantalons **noirs attachés** à la taille par des rubans de satin.

- Observez les adjectifs en **gras**.
- L'adjectif *bleue* s'accorde au féminin singulier avec *robe*. *Gris clair* ne s'accorde pas car il est composé de deux adjectifs de couleur. *Marron* ne s'accorde pas car c'est un nom qui fait image (de la couleur d'un marron). *Élégantes* s'accorde avec *sa sœur et sa mère*. *Noirs* et *attachés* s'accordent avec *tailleurs-pantalons*.

J'APPRENDS

- Tous les adjectifs s'accordent avec **le nom auquel ils se rapportent**. Il faut toujours poser la question **Qui est-ce qui est ? + adjectif** pour bien repérer le nom qui commande l'accord.
- Lorsqu'un adjectif s'accorde avec plusieurs noms, il est au **pluriel** ; il est au **féminin** si tous les noms sont féminins mais au **masculin** dans les autres cas.
- Les adjectifs de couleur utilisés seuls comme **bleu**, **rouge**, **noir** ou **vert** s'accordent normalement.
- Les adjectifs de couleur qui sont exprimés par **un nom qui fait image** comme *orange*, *marron*, *carotte* sont **invariables** (mais *mauve*, *fauve* et *rose* s'accordent).
- Les adjectifs de couleur **utilisés à deux** comme *gris clair*, *vert foncé*, *jaune tendre*, restent **invariables**.

J'APPLIQUE — À VOUS !

Dans la phrase suivante, entourez les adjectifs et soulignez le ou les noms au(x)quel(s) il(s) se rapporte(nt).

Ils se ressemblaient étrangement, grands et bruns, tous deux vêtus d'une chemise blanche et d'une veste noire à boutons argentés.

JE M'ENTRAÎNE

1 ★★★ **Soulignez la bonne orthographe parmi celles qui sont proposées.**

5 points

1. J'ai préparé un bol d'eau (sucré – sucrés – sucrée – sucrées).
2. Prends d'abord le paquet de gâteaux (entamé – entamés – entamée – entamées).
3. Je ne trouve pas mes chaussettes (bleu – bleus – bleue – bleues).
4. (Heureux – Heureuse – Heureuses) d'avoir pu venir, mon oncle et ma tante ont été très (gai – gais – gaie – gaies) toute la soirée.

2 ★★★ **Accordez comme il convient les adjectifs entre parenthèses.**

5 points

1. Avant les filles cousaient *(seul)* .... leurs vêtements ou les faisaient faire par une couturière *(professionnel)* ....
2. Le prêt-à-porter a rendu *(accessible)* .... les vêtements à la mode.
3. Dans les années soixante, les filles portaient des minijupes aux couleurs *(vif)* .... et des talons *(plat)* ....

3 ★★★ Brevet **Réécrivez la phrase suivante en remplaçant *Fabrice* par *Lydia* et *Inès* et en faisant toutes les modifications nécessaires.**

5 points

Fabrice était tout excité à la pensée de rencontrer la chanteuse. Il avait prévu de s'installer dès la veille pour être sûr d'arriver le premier. Il avait mis une chemise jaune pour être plus visible.

....

....

....

....

4 ★★★ Brevet **Dictée. Faites-vous dicter cet extrait de *L'Assommoir* de Zola.**

5 points

De loin, au milieu de la file noire des devantures, sa boutique lui apparaissait toute claire, d'une gaieté neuve, avec son enseigne bleu tendre, où les mots : « Blanchisseuse » étaient peints en grandes lettres jaunes. Dans la vitrine, fermée au fond par des petits rideaux de mousseline, tapissée de papier bleu [...], des bonnets de femme pendaient, les brides nouées à des fils de laiton. Et elle trouvait sa boutique jolie.

TOTAL : ____ / 20 points

▶ Corrigés p. 116

25 Les terminaisons verbales qui se prononcent [é]

Dans cette fiche :

- Vous allez apprendre à ne pas confondre les terminaisons verbales qui se prononcent [é] ou [è] mais s'écrivent *-é / -ée / -és / -ées / -er* ou *-ai / -ais / -ait / -aient.*

Je **regardais** tranquillement la télévision, quand on a **sonné** à ma porte. Comme je n'**attendais** personne, j'ai **décidé** de **regarder** dans l'œil-de-bœuf sans ouvrir. C'**était** un étrange individu, qui m'**était** inconnu.

- Observez les verbes en **gras**.
- Les verbes *regardais*, *attendais*, et *était* sont conjugués à l'imparfait, à la 1re ou à la 3e personne du singulier. Leur terminaison est donc *-ai*, *-ais* ou *-ait*.
- *Décidé* et *sonné* sont des participes passés. Ils ne s'accordent pas avec le sujet car ils sont employés avec l'auxiliaire *avoir*.
- *Regarder* est un verbe à l'infinitif.

- Plusieurs terminaisons de verbes du premier groupe sont presque **homophones** : elles se terminent par le son [é] ou par le son [è].
- Les verbes à l'**infinitif** se terminent par *-er*. On peut les remplacer par un verbe du 3e groupe à l'infinitif comme *prendre (j'ai décidé de changer* ➤ *j'ai décidé de prendre)*.
- Les **participes passés** s'écrivent *-é, -és, -ée* ou *-ées* selon les règles d'accord. On peut les remplacer par le participe passé d'un verbe du 3e groupe comme *pris (j'ai décidé* ➤ *j'ai pris)*.
- Les verbes conjugués à l'**imparfait** s'écrivent *-ais*, *-ait* ou *-aient* selon le sujet. Ils ont un sujet et constituent le noyau d'une proposition. On peut les remplacer par *prenais, prenait* ou *prenaient (ils nageaient* ➤ *ils prenaient)*.
- Si le verbe est à la **1re personne du singulier**, il peut aussi s'écrire *-ai* au passé simple. On peut alors le remplacer par un verbe du 3e groupe au passé simple comme *voulus (je pensai* ➤ *je voulus)*. Il faut surtout réfléchir à la valeur des temps.

Conjuguez au passé simple, à l'imparfait et au passé composé le verbe *préparer* à la 1re personne du singulier et à la 3e personne du pluriel.

....

....

5 points

❶ ★☆☆ Soulignez les terminaisons qui conviennent.

Quand ma sœur est all(é – ée – er – ait) se promen(é – ée – er), ma mère lui a demand(é – ée – er) de rentrer à dix-sept heures. À dix-sept heures quinze, elle n'ét(é – ée – ait) pas rentr(é – ée – er – ait), ma mère s'est mise à râl(é – ée – er – ait). Mais à dix-neuf heures elle a commenc(é – ée – ait) à vraiment s'inquiét(é – ée – er – ait).

5 points

❷ ★☆☆ Remplacez les points par *-é / -ée / -és / -ées / -er / -ai / -ais / -ait / -aient.*

Elle a appel .... la police. Ils lui ont demand .... de pass .... au commissariat pour pouvoir donn .... des détails et une photo de ma sœur. Elle y est all ...., ils l'ont interrog .... et ils ont dit qu'ils la tiendr .... au courant. À vingt-deux heures, ma sœur est arriv .... à la maison comme une fleur et s'est mise à cri .... aussi fort que ma mère qui n'a même pas pu la disput .... !

2 points

❸ ★★☆ Brevet Expliquez la terminaison des verbes en gras dans les phrases suivantes.

J'ai **terminé** mes devoirs mais je dois encore **ranger** ma chambre avant de pouvoir t'**accompagner**.

1. terminé ➤ ....
2. ranger ➤ ....
3. accompagner ➤ ....

8 points

❹ ★★★ Dictée fautive : un élève de 3e a mal recopié cet extrait de *Bel-Ami* de Maupassant. Recopiez-le en corrigeant ses fautes.

Mais deux nouveau combattants s'était saluait et il tombèrent en garde avec tant d'autorité que tout les regard suivait leurs mouvement. Ils se fendait et se relevaient avec une grâce élastique, avec une vigueur mesurait, avec une telle sûreté de force, une telle sobriété de gestes […] que la foule ignorantes en fût surprise et charmer.

....

....

....

....

....

....

....

....

TOTAL : ____ / 20 points

➤ Corrigés p. 117

26 L'accord du participe passé (1)

Dans cette fiche :

- Vous allez apprendre les règles essentielles pour accorder le participe passé.

J'observe et je comprends

(1) Elles sont **venues** hier.
(2) Elles ont **raconté** leurs vacances en Italie.
(3) Les monuments qu'elles ont **visités** ont l'air splendide.

- (1) Le participe passé *venues*, qui est employé avec l'auxiliaire *être*, s'accorde avec le sujet elles.
- (2) Le participe passé *raconté*, qui est employé avec l'auxiliaire *avoir*, ne s'accorde pas avec le sujet elles.
- (3) Le participe passé *visités*, qui est employé avec l'auxiliaire *avoir*, ne s'accorde pas avec le sujet elles. Il s'accorde avec le COD *qu'* qui remplace *les monuments* (masculin pluriel) et est placé avant le verbe.

J'apprends

- Vous devez connaître par cœur et appliquer **trois règles de base**.
- Règle n° 1. Le participe passé employé avec l'auxiliaire ***être*** s'accorde **avec le sujet**.
- Règle n° 2. Le participe passé employé avec l'auxiliaire ***avoir*** ne s'accorde **jamais avec le sujet**.
- Règle n° 3. Le participe passé employé avec l'auxiliaire ***avoir*** s'accorde **avec le COD** quand celui-ci est placé **avant le verbe**.

Remarque : quand le temps est composé, on peut avoir du mal à distinguer l'auxiliaire (*vous avez été mal renseignés*). Dans ce cas, il faut changer de temps *(vous êtes mal renseignés* révèle qu'il s'agit bien ici de l'auxiliaire *être)*.

J'applique — À vous !

Dans ces analyses, qui portent sur la phrase suivante, barrez les réponses fausses parmi les propositions entre parenthèses.

Ils sont allés jusqu'au Casino. Mais on les a refoulés à l'entrée car ils n'avaient pas emporté leur pièce d'identité.

1. ➤ Le participe passé *allés* employé avec l'auxiliaire *être* (s'accorde – ne s'accorde pas) avec le sujet *ils*.

2. ➤ Le participe passé *emporté* employé avec l'auxiliaire *avoir* (s'accorde – ne s'accorde pas) avec le sujet *ils*.

3. ➤ Le participe passé *refoulés* employé avec l'auxiliaire *avoir* (s'accorde – ne s'accorde pas) avec le COD *les* placé avant le verbe.

JE M'ENTRAÎNE

1 ★★★ **Soulignez l'orthographe correcte parmi les propositions entre parenthèses.**

/5 points

Alexandre et Julie sont (allé – allée – allés – allées) en Irlande cet été. Ils ont (eu – eus) des cours d'anglais le matin et l'après-midi, ils ont (visité – visitées) des vieilles pierres dans la campagne. Ils sont (monté – montés – montées) à cheval plusieurs fois. À Dublin, ils sont (allé – allés – allées) dans un pub écouter de la musique. La visite qu'ils ont (préféré – préférée – préférés – préférées) a (été – étée) celle d'une fabrique de bière.

2 ★★★ **Accordez comme il convient les participes passés entre parenthèses qui ont été laissés au masculin singulier.**

/5 points

Julie a *(aimé)* .... les paysages sauvages de la campagne avec les moutons *(couché)* .... en travers des routes ; Alexandre a préféré la ville, qu'il a *(trouvé)* .... très *(animé)* .... Les façades des maisons sont *(coloré)* .... et ils ont *(entendu)* .... partout, au pub, mais aussi dans les rues de Dublin et même dans les villages *(isolé)* ...., de la musique traditionnelle.

3 ★★★ Brevet **Recopiez le texte suivant en mettant les verbes au passé composé.**

/5 points

Linda consacrait beaucoup d'énergie et de temps aux activités de son association de quartier. Elle aidait les enfants à faire leurs devoirs, elle rendait visite aux mamies isolées et les accompagnait parfois pour une promenade au parc. Elle allait régulièrement voir une mère de famille nombreuse et lui gardait ses enfants une soirée de temps en temps.

....

....

....

....

....

4 ★★★ Brevet **Faites-vous dicter, sur une feuille libre, cet extrait du *Curé de village* de Balzac.**

/5 points

Les fleurs que vous m'avez envoyées pour le bal étaient charmantes, mais elles m'ont suggéré de cruelles réflexions. Ces jolies créatures, cueillies par vous et destinées à mourir sur mon sein et dans mes cheveux en ornant une fête, m'ont fait penser à celles qui naissent et qui meurent dans vos bois sans avoir été vues, et dont les parfums n'ont été respirés par personne.

TOTAL : .... / 20 points

▶ Corrigés p. 117

27 L'accord du participe passé (2)

Dans cette fiche :

- Vous allez apprendre deux règles supplémentaires pour accorder le participe passé dans certains cas assez courants.
- Si vous n'êtes pas sûr(e) de vous, relisez bien les règles de base de la fiche 26 avant d'attaquer cette nouvelle fiche.

(1) Ils se sont **lavés**. Ils se sont **lavé** les mains.

(2) Les oiseaux que j'ai **entendus** chanter. La chanson que j'ai **entendu** chanter.

- (1) Le verbe *se laver* est pronominal. Il s'accorde avec le sujet dans certains cas. Dans la première phrase, *se* est COD du verbe laver *(Ils ont lavé quoi ? Eux-mêmes)*. Dans la deuxième, le COD est *les mains* et *se* est COS.
- (2) Le verbe *entendre* est suivi d'un infinitif. Le participe passé s'accorde alors dans certains cas. Dans la première phrase, le COD de *entendre (les oiseaux)* est sujet de l'infinitif (ce sont les oiseaux qui chantent). Dans la deuxième phrase, le COD de *entendre (la chanson)* n'est pas sujet mais COD de l'infinitif (ce n'est pas la chanson qui chante).

- Règle n° 4. Le participe passé d'un verbe **pronominal** s'accorde avec le **sujet** :
  - si le verbe est **essentiellement** (c'est-à-dire toujours) pronominal, comme *s'enfuir* ou *s'évanouir (ils se sont enfuis ; elle s'est évanouie)* ;
  - si le verbe pronominal a un **sens passif**, comme *se vendre (ses créations se sont bien vendues)* ;
  - si le pronom *se* est **COD** du verbe *(ils se sont lavés)*. Si le pronom *se* n'est pas COD du verbe, il ne s'accorde pas *(ils se sont lavé les mains)*.
- Règle n° 5. Après les verbes de **perception** *(voir, entendre, sentir…)* suivis d'un infinitif, le participe passé s'accorde si le COD du verbe est sujet de l'infinitif.

Complétez les participes passés dans les phrases suivantes.

1. Elle s'est mouch.............................

2. Elle s'est mouch............................. le nez.

3. Voici les bandits que j'ai v............................. cambrioler la banque et la voiture que j'ai v............................. conduire.

1 ★ Soulignez la bonne terminaison parmi celles qui sont proposées.

(Une mère se plaint de ses filles jumelles.)

1. Elles ont (pris – prise – prises) leurs affaires et sont (parti – partie – partis – parties) en claquant la porte.

2. Je ne comprends pas pourquoi elles se sont (fâché – fâchée – fachés – fachées) comme ça.

3. Les reproches que je leur ai (fait – faits) étaient largement (justifié – justifés – justifées).

4. Si vous les aviez (entendu – entendues) crier, vous m'auriez (soutenu – soutenue – soutenus – soutenues), je pense.

/7 points

2 ★★ Accordez comme il convient les participes passés entre parenthèses.

1. Ils sont *(allé)* .... ensemble à une soirée samedi.

2. Ils ont un peu *(dansé)* .... et beaucoup trop *(bu)* .... ; ils se sont *(rendu)* .... malades et ils se sont *(ridiculisé)* ....

3. Le père de la fille qui faisait la soirée les a *(raccompagné)* .... chez Boris.

/6 points

3 ★★★ Brevet Dictée à choix multiple. Soulignez la forme qui convient parmi celles entre parenthèses.

Nous avons (découvert – découverts – découverte) un endroit extraordinairement (préservé – préserver – préservait) dans les Alpes du Sud. Certaines fleurs qui ont (disparu – disparues) partout ailleurs y (pousse – poussent) encore. Nous nous sommes (promené – promenés – promener) sur toutes les crêtes et nous avons (vu – vus) des chamois, des marmottes et des faucons qui (tournoyé – tournoyés – tournoyer – tournoyaient). Les myrtilles que nous avons (cueilli – cueillis – cueillie – cueillies) étaient délicieusement (parfumer – parfumés – parfumée – parfumées). Nous nous sommes vraiment (plû – plûs) et même (régénéré – régénérés) au cours de notre séjour en pleine nature.

/7 points

TOTAL : /20 points

▶ Corrigés p. 118

28 Les consonnes doubles et autres lettres muettes

Dans cette fiche :

▶ Vous allez apprendre à vous repérer un peu dans les lettres muettes, c'est-à-dire celles qui s'écrivent (ou non !) et ne s'entendent pas.

J'observe et je comprends

(1) J'ai sauté d'un bond sur le banc.

(2) La beauté du paysage m'enchante. Quelle portée ont ces jumelles ?

(3) J'ai aperçu un dauphin. J'ai apporté mon appareil photo.

- (1) Deux mots se terminent par une consonne muette : *bond* et *banc*.
- (2) Deux noms féminins se terminent par le son [té] : l'un s'écrit *-té*, l'autre *-tée*.
- (3) Trois mots commencent par *ap-* : deux d'entre eux doublent le *p* *(apporté, appareil)*, pas le troisième *(aperçu)*.

J'apprends

- De nombreux mots se terminent par une **consonne muette**. Il est en général facile de la repérer dans les mots de la même famille *(bancal, banc ; bondir, bond)*. Mais parfois il faut simplement connaître par cœur l'orthographe du mot *(abri, favori, taudis, cabas, maquis, lilas, remords…)*.
- **Les noms féminins en *-té, -tié* et *-eur*** ne prennent pas de *-e*, sauf *dictée, montée, jetée, pâtée* et *portée, heure* et *demeure*. Certains noms de métier peuvent s'écrire au féminin avec ou sans *-e (une professeur* ou *une professeure)*.
- Les mots **doublent souvent leur consonne** à la jonction du radical et du préfixe ou du suffixe, lorsque la lettre du radical voisine est une consonne *(porter, apporter ; crochet, accrocher ; rond, arrondir ; légal, illégal ; oubli, inoubliable ; lycéen, lycéenne ; cadet, cadette)*. Mais il y a beaucoup d'**exceptions** : *apercevoir, apaiser, apitoyer, apostropher, alourdir, aligner, anéantir, anoblir…*
- Pour les **adverbes en *-ment***, la consonne double lorsque l'adjectif de la même famille se termine en *-ant* ou *-ent (méchant, méchamment ; intelligent, intelligemment ;* mais *gentil, gentiment)*.

J'applique — À vous !

À l'aide d'un dictionnaire, complétez la terminaison des mots suivants.

1. faubour............	2. hasar............	3. crapau............
4. univer............	5. vergla............	6. décè............
7. croqui............	8. taudi............	9. héro............

JE M'ENTRAÎNE

1 ★☆☆ **Remplacez les définitions entre parenthèses par un adjectif composé du préfixe *in-*.**

5 points

1. une nouvelle (qu'on n'attendait pas) ....
2. un livre (qu'on ne peut pas lire) ....
3. des animaux (qui ne font aucun mal) ....
4. une avarie (qu'on ne peut pas réparer) ....
5. une précaution (qui ne sert à rien) ....
6. un train (qui ne bouge pas) ....

2 ★☆☆ **Remplacez les définitions entre parenthèses par un adjectif.**

3 points

1. un travail (qu'on fait à certaines saisons)
2. une aventure (qui est une exception) ....
3. un caractère (plein de soupçons) ....
4. un roman (qu'on lit avec passion) ....
5. un enfant (à qui on peut faire entendre raison) ....
6. une idée (qui encourage une révolution) ....

3 ★★☆ **Complétez ce texte avec les terminaisons *-é / -ée / -ées* ou *-eur / -eure*.**

6 points

Quand arrive la moiti.......... de l'ann.......... scolaire, on souffre de la brièvet.......... des journ.........., de la faible luminosit.......... et du manque de chal........... On travaille dur, à cause de la quantit.......... des devoirs et des dict........... On attend impatiemment l'heur.......... du repos, la tranquillit.......... des vacances de février et la beaut.......... du printemps.

4 ★★★ **Faites-vous dicter cet extrait de *L'Enfant* de Jules Vallès.**

6 points

On me charge des soins du ménage. « Un homme doit savoir tout faire. »

Ce n'est pas grand embarras : quelques assiettes à laver, un coup de balai à donner, du plumeau et du torchon : mais j'ai la main malheureuse, je casse de temps en temps une écuelle, un verre.

Ma mère crie que je l'ai fait exprès, et que nous serons bientôt sur la paille, si ce « brise-tout » ne se corrige pas.

Une fois, je me suis coupé le doigt jusqu'à l'os.

« Et encore, il se coupe ! » fait-elle avec fureur.

▶ Corrigés p. 118

TOTAL : ____ / 20 points

Bilan 3 Orthographe

Cochez la bonne case quand vous avez trouvé la réponse. Il n'existe qu'une seule possibilité. Chaque bonne réponse vaut 2 points.

2 points

1 Quelle est la phrase correcte ?

a. ☐ Je les entends venir.

b. ☐ Je les entend venir

2 points

2 Quelle est la phrase correcte ?

a. ☐ Ils l'entende à travers le mur.

b. ☐ Ils l'entendent à travers le mur.

c. ☐ Il l'entende à travers le mur.

d. ☐ Ils l'entendes à travers le mur.

2 points

3 Ils ont acheté une cagette de cerises bien…

a. ☐ mûr

b. ☐ mûrs

c. ☐ mûre

d. ☐ mûres

2 points

4 Elle est vraiment la…

a. ☐ seul

b. ☐ seule

c. ☐ seules

… à aimer le chou pimenté.

2 points

5 Il faut s'y prendre à l'avance pour se…

a. ☐ préparé

b. ☐ préparés

c. ☐ préparer

d. ☐ préparait

6 Le participe passé employé avec l'auxiliaire *avoir* :

2 points

a. ☐ s'accorde toujours avec le sujet
b. ☐ s'accorde parfois avec le sujet
c. ☐ ne s'accorde jamais avec le sujet

7 Nous les avons :

2 points

a. ☐ entendu rire
b. ☐ entendus rire
c. ☐ entendue rire
d. ☐ entendues rire

8 Elle s'est :

2 points

a. ☐ cogné la tête
b. ☐ cognée la tête
c. ☐ cogner la tête
d. ☐ cognait la tête

9 Nous avons rendez-vous au :

2 points

a. ☐ carrefourt
b. ☐ carrefour
c. ☐ carrefours

10 Pour Noël, je vais lui offrir du :

2 points

a. ☐ parfin
b. ☐ parfain
c. ☐ parfum
d. ☐ parfaim

TOTAL : ______ / 20 points

Corrigés p. 119

29 La formation des mots : familles de mots, préfixes et suffixes

Dans cette fiche :

- Vous allez apprendre à repérer la façon dont certains mots sont formés.

J'OBSERVE ET JE COMPRENDS

La ville compte d'innombrables gratte-ciel.

- Il s'agit ici de se demander d'où viennent les mots de cette phrase.
- Le mot *ville* vient directement du latin *villa*. C'est un mot simple.
- Le mot *gratte-ciel* est formé par rapprochement de deux mots : *gratte*, du verbe *gratter*, et *ciel*. C'est un mot composé.
- Le mot *innombrable* est formé à partir du radical *nombr-* auquel ont été ajoutés le suffixe *-able* pour créer un adjectif, et le préfixe *in-* qui inverse le sens du mot. C'est un mot dérivé.

J'APPRENDS

- Les mots français peuvent être formés de **trois façons**.
- L'**importation directe** d'autres langues, surtout le latin, mais aussi le grec *(théâtre)*, l'anglais *(chèque)*, l'allemand *(bivouac)*, l'arabe *(algèbre)*, etc.
- La **composition** à partir de deux mots existants *(porte-monnaie, coupe-papier, après-midi)*.
- La **dérivation** à partir d'un radical auquel on ajoute un ou plusieurs **préfixes** qui changent le sens du mot et/ou un **suffixe** qui change sa catégorie grammaticale *(tour, tourner, détourner)*.
- Les principaux **préfixes** sont : *anté-* (avant), *anti-* (contre), *bi-* (deux fois), *co-* (avec), *dé-* / *dis-* (séparé, négation), *in-* / *en-* (dans), *in-* / *ir-* / *il-* (privé de, négation), *ex-* (hors de), *hyper-* (excès), *hypo-* (insuffisance), *hémi-* (moitié), *mal-* (négation), *mono-* (un seul), *para-* (contre), *péri-* (autour), *post-* (après), *pré-* (avant), *pro-* (pour), *re-* (à nouveau), *rétro-* (en arrière), *sous-* / *sub-* (sous), *super-* / *sur-* (au-dessus).
- L'ensemble des mots formés à partir d'un **même radical** s'appelle une **famille de mots**. Par exemple, la famille de *tour* est constituée de *détour, retour, détourner, retourner, détournement, retournement, tourneur, tournant*, etc.

J'APPLIQUE — À vous !

Trouvez cinq mots formés avec le préfixe négatif *in-*.

....

....

1 ★★★ **Formez des adjectifs en ajoutant un suffixe à chacun des noms suivants.**

/4 points

1. paresse ➤ ....
2. maladie ➤ ....
3. mort ➤ ....
4. finance ➤ ....
5. vertige ➤ ....
6. fleur ➤ ....
7. fruit ➤ ....
8. campagne ➤ ....

2 ★★★ **Formez des noms en ajoutant un suffixe à chacun des verbes suivants.**

/4 points

1. blesser ➤ ....
2. absorber ➤ ....
3. croire ➤ ....
4. actif ➤ ....
5. mûrir ➤ ....
6. flétrir ➤ ....
7. discuter ➤ ....
8. bouder ➤ ....

3 ★★★ **Trouvez à l'aide d'un préfixe le contraire des mots suivants.**

/4 points

1. espoir ➤ ....
2. habile ➤ ....
3. honneur ➤ ....
4. responsable ➤ ....
5. moral ➤ ....
6. gracieux ➤ ....
7. content ➤ ....
8. ordre ➤ ....

4 ★★★ **Citez quatre mots de la même famille.**

/4 points

1. bord ➤ ....
2. poser ➤ ....

5 ★★★ Brevet **Répondez aux questions suivantes.**

/4 points

1. Expliquez la formation et le sens du mot *illisiblement.*

....

....

....

....

2. Donnez deux mots de la même famille.

....

TOTAL : /20 points

➤ Corrigés p. 119

30 Les synonymes : niveaux de langue et connotations

Dans cette fiche :

- Vous allez apprendre à analyser et à utiliser les nuances entre plusieurs mots de même sens.
- Bien choisir un mot permet d'exprimer sa pensée avec précision.

Ma (sœur – frangine – reus) (aime – adore – kiffe – apprécie) les (livres – bouquins – romans). Elle est (très – trop – remarquablement) (cultivée – ouf).

- Dans cette phrase, on peut chaque fois choisir l'un des mots entre parenthèses. Ils ont un sens proche : ils sont synonymes. Mais leur choix apporte une nuance de sens.
- *Frangine*, *reus*, *kiffe*, *ouf* sont familiers et même argotiques (l'argot est un langage propre à un groupe de personnes). Le verlan, comme dans les mots *reus* (*sœur*) ou *ouf* (*fou*) en fait partie, par exemple.
- L'usage de l'adverbe *trop* à la place de *très* est propre au langage des « jeunes » depuis quelques années.
- *Aime* et *très* sont de niveau courant.
- *Apprécie* et *remarquablement* sont de niveau soutenu.

- Le **choix d'un mot** parmi plusieurs synonymes apporte une **nuance de sens**, qui peut concerner :
  – le **niveau de langue** (familier, courant, soutenu) ;
  – l'**intensité** (*adore* est plus intense qu'*aime*) ;
  – la **précision** (*roman* est plus précis que *livre* car c'est un genre de livres particulier) ;
  – la **connotation**, c'est-à-dire le sens supplémentaire, souvent de jugement (positif, négatif, affectueux, archaïque). (*Bouquin* a une nuance péjorative ; le mot évoque un jugement négatif.)
- La **richesse du lexique** permet le choix d'un mot qui **exprime la pensée avec précision**.

Précisez la nuance de sens qui existe entre ces mots.

1. maison ➤ ……………………………………………

2. baraque ➤ ……………………………………………

3. demeure ➤ ……………………………………………

JE M'ENTRAÎNE

1 ★☆☆ **Classez les mots suivants suivant leur niveau de langue : soutenu, courant ou familier : amusant – labeur – rire – rigoler – boulot – drôle – marrant – se bidonner – travail – plaisant – comique – taf – s'esclaffer.**

5 points

1. familier ➤ ....
2. courant ➤ ....
3. soutenu ➤ ....

2 ★☆☆ **Classez les mots suivants par ordre d'intensité croissante : désir – suggestion – ordre – demande – souhait – exigence.**

2 points

....

3 ★☆☆ **Reliez les noms d'habitations suivants à leurs occupants.**

4 points

1. isba ●	● a. esquimau
2. chalet ●	● b. moine
3. igloo ●	● c. montagnard
4. monastère ●	● d. gardien
5. mas ●	● e. Russe
6. guérite ●	● f. Provençal

4 ★★☆ **Dans les séries de phrases suivantes, remplacez le verbe en gras par un autre verbe plus précis.**

4 points

1. Tu devrais me **dire** ce qui te préoccupe. ➤ ....
2. **Dis**-moi ton avis. ➤ ....
3. Pierre a **fait** un gâteau. ➤ ....
4. Il a **fait** sa maison tout seul. ➤ ....

5 ★★★ Brevet **Observez cet extrait des *Misérables* de Victor Hugo et répondez aux questions suivantes.**

Gavroche, tout en cheminant, jeta un coup d'œil indigné et rétrospectif à la boutique du barbier.
« Ça n'a pas de cœur, ce merlan-là, grommela-t-il. C'est un Angliche. »

5 points

1. Quel niveau de langue utilise Gavroche ? Justifiez votre réponse en citant le texte.

....

2. Quel niveau de langue utilise le narrateur ? Même consigne.

....

TOTAL : ____ / 20 points

➤ Corrigés p. 119

31 Les champs lexicaux

Dans cette fiche :

- Vous allez apprendre à repérer les champs lexicaux intéressants dans un texte littéraire.
- Identifier les champs lexicaux d'un texte permet de bien en dégager les thèmes.

J'observe et je comprends

Il n'y avait plus de sifflets, à l'approche des signaux, au passage des gares. C'était le galop tout droit, la bête qui fonçait tête basse et muette, parmi les obstacles. Elle roulait, roulait sans fin, comme affolée par le bruit strident de son haleine.

À Rouen, on devait prendre de l'eau ; et l'épouvante glaça la gare lorsqu'elle vit passer, dans un vertige de fumée et de flamme, ce train fou. (Émile Zola, *La Bête humaine*.)

- Ce passage évoque un train sans conducteur. Certains mots se rapportent au thème du train *(train, gare, fumée, eau, sifflet, roulait).*
- D'autres mots se rapportent à des thèmes plus inattendus ici : celui de l'animal, plus exactement du cheval *(galop, obstacles, bête, tête basse, haleine)* et celui de la peur *(fou, affolée, vertige, épouvante, flamme, glaça).*

J'apprends

- Un **champ lexical** est un ensemble de mots qui se rapportent à un **même thème** (*sable, plage, coquillages, marée, tempête* appartiennent au champ lexical de la mer).
- Quand on **analyse** un texte littéraire, il est intéressant de **repérer** la présence de champs lexicaux **inattendus** compte tenu du thème général du texte.

J'applique — À vous !

Trouvez dix mots appartenant au champ lexical de la nature, et dix autres à celui de la justice.

1. nature ➤ ....

....

....

2. justice ➤ ....

....

....

JE M'ENTRAÎNE

1 ★★★ **Séparez la liste de mots suivante en trois séries de champs lexicaux différents :**

clarté – crasse – ténèbres – nuit – rayon – puant – obscur – jour – blanc – moisissures – ombre – soleil – sueur – noircir – feu.

3 points

1. ....

2. ....

3. ....

2 ★★★ **Dans cet extrait des *Contemplations* de Hugo (I, 5), soulignez en bleu les mots appartenant au champ lexical de l'odorat, en rouge à celui de la vue, en vert à celui du toucher, en noir à celui du temps.**

5 points

1. Hier, le vent du soir, dont le souffle caresse,
2. Nous apportait l'odeur des fleurs qui s'ouvrent tard ;
3. Le printemps embaumait, moins que votre jeunesse ;
4. Les astres rayonnaient, moins que votre regard.

3 ★★★ **Dans cet extrait de *Bouvard et Pécuchet* de Flaubert, à quels champs lexicaux appartiennent les mots en gras ? en italiques ? Quelle impression vous donne la description de ce personnage ?**

5 points

Ses yeux **bleuâtres**, toujours entre-clos, souriaient dans son visage **coloré**. Un pantalon à grand pont, qui *godait* par le bas sur des souliers de castor, moulait son *ventre*, faisait *bouffer* sa chemise à la ceinture ; et ses cheveux **blonds**, *frisés* d'eux-mêmes en *boucles* légères, lui donnaient quelque chose d'enfantin.

....

....

4 ★★★ Brevet **Dans le texte suivant, relevez des mots appartenant à trois champs lexicaux différents et répondez à la question.**

7 points

La grande clarté l'éclairait violemment, sans une ombre. Sa chemise roulée aux manches, ouverte au col, découvrait ses bras nus, sa poitrine nue, une peau rose de fille, où frisaient des poils blonds ; et, la tête un peu basse entre ses grosses épaules bossuées de muscles, la face attentive, avec ses yeux pâles fixés sur la flamme, sans un clignement, il semblait un colosse au repos, tranquille dans sa force. (Émile Zola, *L'Assommoir*.)

1. ....

2. ....

3. ....

4. Quelle impression vous donne ce portrait ?

....

TOTAL : ____ / 20 points

▶ *Corrigés p. 120*

32 Antonymes et termes génériques

Dans cette fiche :

- Vous allez apprendre à vous servir des relations de sens entre les mots.
- Encore une fois, l'objectif est de mieux comprendre les textes.

(1) Ce matelas est dur. L'autre est plus mou mais plus large. Je préfère quand même le premier.

(2) Les exercices de maths sont trop durs, je n'y arrive pas. Je préfère la physique et l'anglais.

- (1) Les mots *dur* et *mou* ont des sens contraires : ce sont des antonymes.
- (2) Le mot *dur* a ici un sens différent. Son antonyme serait *facile*.
- De quoi est-il question dans ces phrases ? Les mots, cette fois, ne sont pas dans le texte.
- (1) Il s'agit de comparer le confort de différents matelas en vue d'en choisir un. *Confort* est le terme générique qui regroupe *dur*, *mou* et *large*.

  (2) Le terme générique qui regroupe *maths*, *physique* et *anglais* serait *disciplines scolaires*.

- Les **antonymes** sont deux mots de **sens contraire**.
- Le **terme générique** est un mot dont le sens rassemble plusieurs mots de sens **plus étroit**.
- Il est très **important**, pour comprendre des textes, d'être capable de **trouver** les termes génériques qui rassemblent différents mots.

Reliez les mots à leur antonyme.

1. captivant	**a.** léger
2. puéril	**b.** égoïste
3. lourd	**c.** rapide
4. lent	**d.** ennuyeux
5. généreux	**e.** mûr

1 ★☆☆ **Trouvez l'antonyme du mot *léger* dans les expressions suivantes.**

5 points

1. un repas léger ➤ ……
2. une légère dispute ➤ ……
3. un café léger ➤ ……
4. un sac léger ➤ ……
5. un tissu léger ➤ ……

2 ★☆☆ **Trouvez le terme générique qui rassemble chacune des séries suivantes.**

5 points

1. chaise – fauteuil – canapé – tabouret – banc ➤ ……
2. autobus – métro – train – voiture – vélo – moto ➤ ……
3. ambre – jasmin – patchouli – musc – rose ➤ ……
4. pâtes – riz – pain – pommes de terre – semoule ➤ ……
5. karaté – judo – taekwondo – jiu-jitsu ➤ ……

3 ★★☆ **Trouvez des termes que peut recouvrir chacun des termes génériques suivants.**

5 points

1. arbre ➤ ……
2. gâteau ➤ ……
3. sentiment ➤ ……
4. accessoires de mode ➤ ……
5. boisson ➤ ……

4 ★★★ Brevet **Quelles qualités à cette institutrice ? Justifiez votre réponse.**

Elle donnait sa chance à chacun, répétait comment appliquer les règles aussi souvent qu'il le fallait sans jamais élever la voix et restait après la classe pour réexpliquer encore en offrant même le goûter.

……

5 points

TOTAL : ……/20 points

➤ *Corrigés p. 120*

33 Les mots abstraits

Dans cette fiche :

▶ Vous allez apprendre des mots utiles pour argumenter.

La généralisation de la communication électronique favorise une communication anonyme et désincarnée.

- Les mots de cette phrase (communication électronique, anonyme, désincarnée…) sont difficiles parce qu'ils sont abstraits : ce sont des idées, des constructions de l'esprit qui ne correspondent à aucune réalité qui peut être touchée. Dans la vie courante on utilise surtout des mots concrets, qui représentent des choses réelles.
- La communication électronique correspond, concrètement, à l'échange de mails et de textos.
- *Anonyme* signifie « qui ne donne pas son nom ». Vois-tu en quoi la communication électronique est anonyme ? La phrase fait référence à l'usage des pseudonymes.
- *Désincarnée* signifie « sans chair, sans corps » : on communique sans être physiquement présent.
- Cette phrase critique les nouvelles formes de communication.

- Les mots **concrets** désignent des éléments de la **réalité**.
- Les mots **abstraits** désignent des **constructions de l'esprit**. Ils permettent de prendre du recul, de réfléchir, de raisonner sur le monde. On les rencontre dans les journaux et dans les essais, mais aussi parfois dans les débats de la vie courante.

À l'aide d'un dictionnaire, cherchez la signification des mots abstraits suivants.

1. démocratie ➤ ……………………………………………………………

2. féminisme ➤ ……………………………………………………………

3. foi ➤ ……………………………………………………………

4. thèse ➤ ……………………………………………………………

JE M'ENTRAÎNE

1 ★ Indiquez si les mots suivants sont abstraits ou concrets.

5 points

1. norme ➤ ....
2. champignon ➤ ....
3. phénomène ➤ ....
4. évident ➤ ....
5. placard ➤ ....

2 ★★ Placez chacun des mots de la liste suivante dans la bonne phrase : préjugés – analyser – justifier – synthèse – délibérer.

5 points

1. Maintenant que chacun a donné son avis, nous pouvons proposer une ....
2. Avant de résoudre le problème, il faut .... les données.
3. Justine ne peut pas .... son retard.
4. Le jury s'est retiré pour ....
5. Certaines personnes ont encore des .... sur les Noirs.

3 ★★ Trouvez le mot abstrait qui correspond à chaque problème.

5 points

1. Tes parents ne te laissent pas sortir avec tes amis. ➤ ....
2. Tu n'arrives pas à te mettre au travail. ➤ ....
3. Tu réponds aux réflexions de tes professeurs. ➤ ....
4. En bas de chez toi, un clochard dort sur un carton. ➤ ....
5. Ton devoir commence par une idée puis se poursuit par une autre qui n'a rien à voir avec la première. ➤ ....

4 ★★★ Brevet Lisez cet extrait des *Fantômes du Palace Hôtel* d'Alex du Pel et répondez aux questions.

Le deuxième soir, elle donna ses ordres : « faire les couvertures » dans les étages. Une équipe au douzième. Entendant cet ordre, toutes les filles s'arrêtèrent net. Pas question de descendre là-bas. Refus sec de toute l'équipe. C'était la mutinerie. Les filles ne descendraient pas.

5 points

1. Quel est le sens habituel du mot *mutinerie* ?

....

2. Quel est le sens de ce mot dans le contexte de l'hôtel ?

....

3. Qu'est-ce qui explique cette mutinerie ?

....

TOTAL : .... / 20 points

➤ Corrigés p. 121

34 Les figures de style

Dans cette fiche :

▶ Vous allez apprendre à repérer quelques figures de style.

(1) Vous êtes comme les roses du Bengale, Marianne, sans épine et sans parfum. (Musset.)

(2) Dans la feuillée, écrin vert taché d'or. (Rimbaud.)

(3) J'ai embrassé l'aube d'été. (Rimbaud.)

- Ces trois phrases utilisent des images, qui rapprochent la réalité qu'ils évoquent d'une autre réalité : Marianne d'une rose, le feuillage d'un écrin, l'aube d'une femme.
- (1) Cette phrase utilise une comparaison car elle exprime explicitement le rapprochement grâce au mot *comme*.
- (2) Cette phrase utilise une métaphore car elle rapproche implicitement les deux réalités, sans aucun outil.
- (3) Cette phrase utilise une métaphore particulière, qui rapproche un objet ou une abstraction d'une personne et qu'on appelle personnification.

- La **comparaison** rapproche deux réalités en utilisant un **outil** tel que *comme* ou *ressembler à*.
- La **métaphore** rapproche deux réalités **sans explication**.
- La **personnification** est une métaphore qui rapproche un objet ou une abstraction d'une personne.
- Ces trois figures de style sont des **images**. Elles peuvent être poétiques, lyriques ou comiques (« C'est un fort méchant plat que sa sotte personne. » Molière, *Le Misanthrope*.)

Quelle figure de style est utilisée dans chacune des phrases suivantes ?

1. La bise fouette les joues. ➤ ....

2. Les hommes s'agitent comme des fourmis. ➤ ....

3. Les eaux rugissent hors de la source. ➤ ....

4. Les roseaux font un somme. ➤ ....

1 ★★★ Dans les phrases suivantes, soulignez en rouge les comparaisons, en vert les métaphores, en bleu les personnifications.

1. Et des rires s'élevèrent, pareils au clapotement des flots. (Flaubert.)
2. Votre âme est un paysage choisi. (Verlaine.)
3. Elle frôla une machine venue seule du dépôt, en promeneuse solitaire. (Zola.)
4. « Tu renifles, mon ancienne, dit Gavroche. Mouche ton promontoire. » (Hugo.)
5. Je suis belle, Ô mortels, comme un rêve de pierre. (Baudelaire.)
6. Elle crie, elle hurle, elle est loyale, la grande mer. (Maupassant.)

6 points

2 ★★★ Inventez, pour chacun des éléments suivants, une comparaison et une métaphore.

1. l'automne ➤ ....

➤ ....

2. les mains d'une vieille femme ➤ ....

➤ ....

3. un massif de roses ➤ ....

➤ ....

6 points

3 ★★★ Brevet Lisez cet extrait de *L'Enfant* de Jules Vallès et répondez aux questions.

(La mère du narrateur choisit un tissu pour lui confectionner un vêtement.)

Elle s'égratigne enfin à une étoffe criante, qui a des reflets de tigre au soleil : une étoffe comme une lime, qui exaspère les doigts quand on la touche, et qui flambe au grand air comme une casserole !

1. Relevez les métaphores et les comparaisons que le narrateur utilise pour décrire le tissu choisi par la mère.

....

....

....

....

2. Quel jugement le narrateur porte-t-il sur ce tissu ? Justifiez votre réponse grâce à des éléments du texte.

....

....

....

....

8 points

TOTAL : ____ / 20 points

➤ Corrigés p. 121

Bilan 4 Vocabulaire

Cochez la bonne case quand vous avez trouvé la réponse. Il n'existe qu'une seule possibilité. Chaque bonne réponse vaut 2 points.

1 ***Soleil* et *solaire* sont des mots :**

2 points

a. ☐ de la même famille
b. ☐ synonymes
c. ☐ antonymes

2 **Le verbe formé sur l'adjectif *sourd* est :**

2 points

a. ☐ sourdre
b. ☐ sourder
c. ☐ sourdir
d. ☐ assourdir

3 **Le préfixe de *retournement* est :**

2 points

a. ☐ re-
b. ☐ -tourn-
c. ☐ -ment

4 ***Gosse* est un mot de niveau :**

2 points

a. ☐ courant
b. ☐ soutenu
c. ☐ familier

5 **Le terme générique de la série *couteau*, *fourchette*, *cuiller* est :**

2 points

a. ☐ table
b. ☐ couverts
c. ☐ verre

6 Le champ lexical du *jardinage* est :

2 points

a. ☐ *jardin, jardinier, jardinerie*
b. ☐ *râteau, tondeuse, graines, plants*
c. ☐ *forêts, parcs, prés*

7 Un mot abstrait est :

2 points

a. ☐ un mot étranger
b. ☐ un mot qui exprime une construction de l'esprit
c. ☐ un mot qui exprime une réalité que l'on peut toucher

8 *Relativité* est un mot :

2 points

a. ☐ concret
b. ☐ générique
c. ☐ abstrait

9 *La danse des nuages* est une :

2 points

a. ☐ métaphore
b. ☐ comparaison
c. ☐ dérivation

10 Quelle phrase contient une comparaison ?

2 points

a. ☐ « Le troupeau des ponts bêle ce matin » (Apollinaire).
b. ☐ « Les sanglots longs / des violons / de l'automne » (Verlaine).
c. ☐ « La musique souvent me prend comme une mer » (Baudelaire).

TOTAL : ____ / 20 points

▶ *Corrigés p. 122*

35 Répondre à des questions de brevet

Dans cette fiche :

- Vous allez apprendre la méthode pour répondre à des questions de brevet.

J'OBSERVE ET JE COMPRENDS

Il me conduisit dans le champ, non loin de l'entrée. Il y avait là un groupe de soldats qui parlaient à voix baissée. Mon compagnon tendit la main. […]
— C'est là, dit-il, qu'on a fusillé le soldat du 204, ce matin.
On a planté le poteau dans la nuit. On a amené le bonhomme à l'aube, et ce sont les types de son escouade qui l'ont tué. Il avait voulu couper aux tranchées ; pendant la relève, il était resté en arrière, puis était rentré en douce au cantonnement. Il n'a rien fait autre chose ; on a voulu, sans doute, faire un exemple. (Henri Barbusse, *Le Feu*, 1916.)

- Voici le type de questions qui peuvent vous être posées le jour du brevet : **1.** Quand et où se déroule la scène ? Justifiez votre réponse. **2.** Quel châtiment « le soldat du 204 » a-t-il subi ? Pour quelle raison ?
- Voici les réponses que l'examinateur attend : **1.** La scène se déroule au front, pendant la guerre de 14-18 : les personnages sont des soldats, ils sont dans un « cantonnement » ou dans les « tranchées ». **2.** Le soldat a été fusillé car il n'a pas voulu aller combattre : « il avait voulu couper aux tranchées ».

J'APPRENDS

- Pour répondre aux questions, vous devez procéder de la façon suivante :
  – lire le texte **plusieurs fois** pour le comprendre ;
  – lire une question, repérer ce qui est demandé **précisément** ;
  – repérer, par exemple dans les marges ou en **soulignant**, les **passages du texte** qui permettent de répondre ;
  – formuler **avec ses propres mots**, au **brouillon** ou dans les marges du texte, un ou plusieurs éléments de réponse ;
  – **rédiger** directement la réponse **au propre**, en citant le texte **entre guillemets** pour justifier la réponse.

J'APPLIQUE – À vous !

Dans le texte ci-dessus, quel personnage est désigné par le GN *le bonhomme* ? Quelle idée nous donne ce mot sur ce que pense le locuteur des événements ? Coche la bonne réponse.

1. ☐ Il désigne le soldat fusillé. C'est un mot méprisant qui nous indique que le narrateur pense que le bonhomme a bien mérité ce qui lui est arrivé.

2. ☐ Il désigne le soldat fusillé. C'est un mot affectueux, ce qui nous indique que le narrateur trouve le châtiment injuste.

JE M'ENTRAÎNE

Lisez cet extrait de *L'Enfant* de Jules Vallès avant de faire les exercices.

Ai-je été nourri par ma mère ? Est-ce une paysanne qui m'a donné son lait ? Je n'en sais rien. Quel que soit le sein que j'ai mordu, je ne me rappelle pas une caresse du temps où j'étais tout petit ; je n'ai pas été dorloté, tapoté, baisoté ; j'ai été beaucoup fouetté.

Ma mère dit qu'il ne faut pas gâter les enfants, et elle me fouette tous les matins ; quand elle n'a pas le temps le matin, c'est pour midi, rarement plus tard que quatre heures.

1 ★ **Quel genre d'éducation le narrateur a-t-il reçu ? Justifiez votre réponse.**

4 points

2 ★★ **De « et elle me fouette tous les matins » à « quatre heures ». Quel effet produisent sur le lecteur les précisions sur les horaires ?**

5 points

3 ★★ **Expliquez la formation du mot *baisoté* ? Que représente-t-il ici ?**

5 points

4 ★★★ Brevet **Quelles valeurs différentes a le présent dans cet extrait ? Donnez un exemple tiré de l'extrait pour chacune d'elles.**

6 points

TOTAL : ____ / 20 points

▶ Corrigés p. 122

36 Le récit

Dans cette fiche :

▶ Vous allez apprendre comment on peut faire varier les points de vue pour raconter.

J'observe et je comprends

Voici deux extraits du *Rouge et le Noir* de Stendhal.

(1) Avec la vivacité et la grâce qui lui étaient naturelles quand elle était loin du regard des hommes, Mme de Rênal sortait par la porte-fenêtre du salon qui donnait sur le jardin, quand elle aperçut près de la porte d'entrée la figure d'un jeune paysan presque encore enfant, extrêmement pâle et qui venait de pleurer.

(2) Julien se tourna vivement et, frappé du regard si rempli de grâce de Mme de Rênal, il oublia une partie de sa timidité. Bientôt, étonné de sa beauté, il oublia tout, même ce qu'il venait faire.

- (1) Le narrateur sait ce que voit le personnage *(un jeune paysan presque encore enfant)* et il voit et juge lui-même son personnage *(la vivacité et la grâce qui...)* : il a un point de vue omniscient (il sait tout).
- (2) Le narrateur se met à la place de l'un des personnages, Julien : il a un point de vue interne.

J'apprends

- Le récit est un discours **narratif**, l'une des **quatre formes de discours**.
- Le **narrateur** est un être fictif **qui raconte l'histoire**. Ne le confondez pas avec l'auteur, réel, qui écrit le livre.
- Le **narrateur-personnage** raconte à la **1re personne** une histoire à laquelle il a participé.
- Le **narrateur extérieur** raconte à la **3e personne**. Il peut alors adopter :
  – un **point de vue omniscient** (il voit tout, sait tout, explique tout au lecteur) ;
  – un **point de vue interne** (il se met à la place de l'un des personnages).
  Ces points de vue peuvent varier au fil du récit.

J'applique — À vous !

Dans la phrase suivante, dites si le narrateur est personnage ou extérieur, et si le point de vue est omniscient ou interne.

Elle se demandait combien de temps elle parviendrait à lui cacher, tout en vivant à ses côtés, son terrible secret.

....

....

....

JE M'ENTRAÎNE

❶ ★☆☆ Pour chaque extrait, indiquez si le narrateur est un personnage ou s'il est extérieur, et s'il a un point de vue interne ou omniscient. Soulignez les indices qui vous permettent de répondre.

1. Comme il faisait une chaleur de trente-trois degrés, le boulevard Bourdon se trouvait absolument désert. Plus bas, le canal Saint-Martin, fermé par les deux écluses, étalait en ligne droite son eau couleur d'encre [...]. Deux hommes parurent. (Flaubert, *Bouvard et Pécuchet*.)

....

2. Tout à coup, j'ai senti qu'il était là, et une joie, une joie folle m'a saisi. (Maupassant, *Le Horla*.)

....

3. Gervaise ne voulait pas de noce. À quoi bon dépenser de l'argent ? Puis, elle restait un peu honteuse ; il lui semblait inutile d'étaler le mariage devant tout le quartier. (Zola, *L'Assommoir*.)

....

6 points

❷ ★★☆ Réécrivez le récit suivant à la troisième personne, mais en adoptant le point de vue du garçon silencieux et en imaginant ses pensées.

Alexandra s'inquiétait. Il était là, assis devant elle, silencieux, alors qu'il était si gai quelques minutes auparavant, plaisantant avec les autres. Il semblait s'être renfermé d'un coup dans une coquille de chagrin, de colère peut-être. Avait-elle dit ou fait quelque chose qui l'ait vexé ? Était-il encore tourmenté par les paroles dures de sa mère ?

....

....

....

....

....

8 points

❸ ★★★ Brevet Quel est le point de vue adopté dans cet extrait du *Père Goriot* de Balzac ? Justifiez votre réponse en citant des passages précis du texte.

— Pauvre enfant ! dit à haute voix le père Goriot.

À cette parole, Rastignac jugea prudent de garder le silence sur cet événement et de ne pas inconsidérément condamner son voisin. Il allait entrer quand il distingua soudain un bruit assez difficile à exprimer [...].

....

....

....

....

6 points

TOTAL : ____ / 20 points

▶ Corrigés p. 122

37 *L'autobiographie*

Dans cette fiche :

▶ Vous allez vous intéresser à un genre de récit particulier : l'autobiographie.

Trois semaines après ma communion, je quittai le collège de Dol. Il me reste de cette maison un agréable souvenir. (Chateaubriand, *Mémoires d'outre-tombe*.)

- Pour trouver ce qui caractérise un récit autobiographique, vous devez vous demander quels temps sont employés et qui est représenté par les pronoms *je* et *me*.
- Les temps employés sont le passé simple et le présent : ils se réfèrent à deux moments différents, celui de l'histoire racontée au passé, l'enfance, et celui de l'énonciation, de l'écriture, le présent.
- De même, *je* et *me* renvoient à la même personne (l'auteur-narrateur), mais le premier *je* (« je quittai le collège ») représente l'enfant tandis que *me* (« il me reste ») se réfère à l'adulte.

- L'autobiographie est un **récit** *(graphie)* que **quelqu'un fait lui-même** *(auto)* de **sa vie** *(bio)*.
- Le **but** d'une autobiographie peut être de **témoigner** d'événements historiques importants qu'on a vécus, de se **justifier**, de se **comprendre** soi-même, de **retrouver** un bonheur perdu, de **rendre hommage** à quelqu'un qui a beaucoup compté ou au contraire de régler ses comptes et de témoigner pour d'autres lorsqu'on a été maltraité, de **donner son avis**, etc.
- Ce qui rend particuliers les récits autobiographiques, c'est qu'on y trouve **deux temps** : celui de l'**épisode de la vie** raconté et celui de l'**écriture**. Du coup, *je* représente parfois le narrateur écrivain, parfois le personnage.
- Ce qui les rend difficiles à écrire, ce sont les **lacunes** de la mémoire, les **doutes** qui planent toujours sur la vérité, la **peur** d'être accusé de **vanité** ou de **nuire** aux personnes qu'on évoque.

Cet extrait vient-il d'une autobiographie ? Justifiez votre réponse.

J'étais perdue presque de frayeur, et je ne savais que faire ; car j'étais pour ainsi dire mise à la porte dans l'immense monde. (Daniel Defoe, *Moll Flanders*.)

....

....

JE M'ENTRAÎNE

1 ★★★ Dans quel but l'auteur de l'extrait suivant écrit-il ?

Le bain ! – Ma mère en avait fait un supplice.

Heureusement elle ne m'emmenait avec elle, pour me récurer à fond, que tous les trois mois.

Elle me frottait à outrance, me faisait avaler, par tous les pores, de la soude et du suif, que pleurait un savon de Marseille à deux sous le morceau, qui empestait comme une fabrique de chandelles. (Jules Vallès, *L'Enfant*.)

4 points

2 ★★★ Complétez le début de récit suivant de manière à commencer votre propre autobiographie.

Je suis né(e) le ………………………… à …………………………
À cette époque, mes parents ………………………… . Un peu plus tard, ils allaient …………………………

8 points

3 ★★★ Brevet Lisez cet extrait des *Confessions* de Rousseau et répondez aux questions.

Je sentis avant de penser : c'est le sort commun de l'humanité. Je l'éprouvai plus qu'un autre. J'ignore ce que je fis jusqu'à cinq ou six ans ; je ne sais comment j'appris à lire ; je ne me souviens que de mes premières lectures et de leur effet sur moi.

1. Quels temps sont utilisés dans ce passage ? Quelle est leur valeur ?

2. Qui représente « je » dans « j'ignore », « je ne sais » et « je ne me souviens » ? Qui représente « je » dans « je sentis » et « j'appris » ?

3. Quel problème de l'autobiographe ce passage met-il en lumière ?

8 points

TOTAL : ……… / 20 points

▶ Corrigés p. 123

38 Le théâtre

Dans cette fiche :

▶ Vous allez apprendre les particularités de l'écriture d'un dialogue théâtral.

J'observe et je comprends

VALENTIN. Tenez ! Voilà la blanche Cécile qui nous arrive à petits pas. [...] Vite, fourrez-vous dans la charmille. Vous serez témoin de la première escarmouche, et vous m'en direz votre avis.

VAN BUCK. Tu l'épouseras si elle te reçoit mal ? *(Il se cache dans la charmille.)*

VALENTIN. Laissez-moi faire, et ne bougez pas. (Musset, *Il ne faut jurer de rien.*)

- Vous pouvez vous demander ce qui permet de reconnaître une scène de théâtre.
- Le texte est uniquement constitué d'un dialogue, à l'exception du nom des personnages qui parlent et d'indications de mise en scène écrites en italiques, qu'on appelle didascalies.
- Le nom des personnages est présenté en début de ligne, en lettres capitales, et suivi de leurs paroles. Chaque ensemble de phrases est une réplique.

J'apprends

- Le texte théâtral est composé de **répliques** et de **didascalies**. Aucune explication n'est donnée au lecteur (ou au metteur en scène), qui doit en partie imaginer la situation.
- La **réplique** est l'ensemble des paroles que prononce un personnage jusqu'à ce qu'un autre intervienne. Si une réplique est très longue, on l'appelle **tirade**. Si un personnage parle sans être entendu des autres personnages, il s'agit d'un **aparté**.
- Les **didascalies** donnent au lecteur des indications sur les **lieux** où se déroule la scène, les **gestes** et le **ton** des personnages.

J'applique – À vous !

Dans le dialogue suivant, soulignez une réplique en rouge, un aparté en bleu, une didascalie en vert. Quel effet pour le lecteur produit ici l'aparté ?

CÉCILE. C'est vous, monsieur ? Je ne vous reconnaissais pas. Comment se porte votre foulure ?

VALENTIN, *à part.* Foulure ! Voilà un vilain mot. *(Haut.)* C'est trop de grâce que vous me faites, et il y a de certaines blessures qu'on ne sent jamais qu'à demi.

....

❶ ★★★ Cochez, parmi les dialogues suivants, ceux qui sont extraits de pièces de théâtre. Soulignez les indices.

6 points

1. ☐ Eugénie lança : « C'est pas la peine de faire semblant, ne viens plus, ce sera aussi bien !
— Faire semblant de quoi ? » murmura Laura stupéfaite.

2. ☐ DAVID. Je m'ennuie. On s'ennuie tellement.
LÉO. On attend. On fait semblant de s'en foutre. On rigole.

3. ☐ « C'est inutile ! dit-elle. Vous ne me convaincrez pas. Je veux partir et je le ferai. »

❷ ★★★ Rédigez la suite de cette scène en imaginant trois répliques et une didascalie.

6 points

(Le mari est caché derrière la porte.)

LA FEMME. Oui, mon chéri, viens, il est encore au travail.

L'AMANT. Soyons prudents.

LE MARI. ……………………………………………………

LA FEMME. ……………………………………………………

L'AMANT. ……………………………………………………

❸ ★★★ Brevet Lisez cet extrait de *L'Avare* de Molière et répondez aux questions.

8 points

Au voleur ! au voleur ! à l'assassin ! au meurtrier ! Justice, juste ciel ! je suis perdu, je suis assassiné, on m'a coupé la gorge, on m'a dérobé mon argent. Qui peut-ce être ? Qu'est-il devenu ? Où est-il ? où se cache-t-il ? Que ferai-je pour le trouver ? où courir ? où ne pas courir ? N'est-il point là ? N'est-il point ici ? Qui est-ce ? Arrête. Rends-moi mon argent, coquin !... *(Il se prend lui-même le bras.)* Ah ! c'est moi. Mon esprit est troublé et j'ignore où je suis, qui je suis, et ce que je fais.

1. À quels indices reconnaissez-vous dans ce passage une scène de théâtre ?

……………………………………………………

2. Quelles particularités a cette réplique, par sa longueur et par ses personnages ?

……………………………………………………

3. Que peut-on déduire, sur le personnage, de la didascalie ?

……………………………………………………

4. Comment doit réagir le spectateur selon vous ? Justifiez votre réponse.

……………………………………………………

TOTAL : ______ / 20 points

▶ Corrigés p. 124

39 La poésie

Dans cette fiche :

▶ Vous allez apprendre les particularités du texte poétique.

Il pleure dans mon cœur
Comme il pleut sur la ville
Quelle est cette langueur
Qui pénètre mon cœur ?

(Paul Verlaine, *Romances sans paroles*.)

- La question que vous devez vous poser est : En quoi ce texte est-il poétique ?
- Il est mis en page de façon particulière : en vers et en strophes.
- Son langage est particulier : « il pleure dans mon cœur » est une image.
- Rythme et sonorités créent des effets : ici, les vers ont six syllabes.

- Les poèmes peuvent avoir des **sujets variés**. Beaucoup évoquent les **sentiments** du poète (amour – parfois malheureux –, tristesse, colère). Certains donnent une **opinion** sur des sujets politiques : ce sont les poèmes engagés. D'autres ont pour sujet **la poésie elle-même**. La **langue poétique** transforme la mise en page, le lexique, le rythme, les sonorités.
- La **mise en page** : elle dispose les mots en vers, et les vers en strophes. Il existe des formes fixes de poèmes, comme le **sonnet** (2 strophes de 4 vers, c'est un **quatrain** + 2 strophes de 3 vers, c'est un **tercet**).
- Le **lexique** : elle crée des **images**, notamment **métaphores** et **comparaisons**.
- Le **rythme** : les vers ont souvent 12 (**alexandrins**), 10 (**décasyllabes**) ou 8 (**octosyllabes**) syllabes. L'accentuation des mots dans chaque vers crée parfois un rythme particulier.
- Les **sonorités** : lorsque les vers se terminent par un même son, c'est une **rime**. Les rimes peuvent être **suivies** (aabb), **croisées** (abab) ou **embrassées** (abba). Le retour d'une même consonne à l'intérieur d'une vers est une **allitération**, celui d'une voyelle une **assonance**.

Quel sentiment exprime le poème de Verlaine ci-dessus ?

1. ☐ Il exprime la joie.

2. ☐ Il exprime la mélancolie.

3. ☐ Il exprime la peur.

JE M'ENTRAÎNE

1 ★ Indiquez le nombre de syllabes de ces vers et la disposition de leurs rimes.

Ô temps, suspends ton vol, et vous heures propices ➤ ....
Suspendez votre cours ➤ ....
Laissez-nous savourer les rapides délices ➤ ....
Des plus beaux de nos jours ➤ ....
....

4 points

2 ★ Complétez ce poème de Baudelaire (intitulé *Le Chat*) en replaçant les mots qui ont été ôtés à la fin des vers : profonde – appartement – secret – charmant – promène – gronde – à peine.

1. Dans ma cervelle se ....,
2. Ainsi qu'en son ....,
3. Un beau chat, fort, doux et ....
4. Quand il miaule, on l'entend ....
5. Tant son timbre est tendre et ....;
6. Mais que sa voix s'apaise ou ....,
7. Elle est toujours riche et ....
8. C'est là son charme et son ....

8 points

3 ★★ Lisez cet extrait de *Melancholia* de Victor Hugo et répondez aux questions.

Où vont tous ces enfants dont pas un seul ne rit ?
Ces doux êtres pensifs que la fièvre maigrit ?
Ces filles de douze ans qu'on voit cheminer seules ?
Ils s'en vont travailler quinze heures sous des meules.

1. Quel est le sujet de ce poème ?

....

2. Dans quelle intention a-t-il été écrit ?

....

4 points

4 ★★★ Expliquez les images de ce poème d'Arthur Rimbaud.

C'est un trou de verdure où chante une rivière
Accrochant follement aux herbes des haillons
D'argent ; où le soleil, de la montagne fière,
Luit : c'est un petit val qui mousse de rayons.

....
....

4 points

TOTAL : ...... / 20 points

➤ Corrigés p. 124

40 L'argumentation

Dans cette fiche :

- Vous allez apprendre à comprendre et à écrire des textes qui exposent une opinion.

J'observe et je comprends

L'entrée en seconde est une étape difficile à franchir, d'abord parce que les élèves sont plus libres d'entrer et de sortir du lycée et se laissent parfois griser par cette liberté au point d'oublier la contrainte d'y assister aux cours et d'y travailler ; ensuite parce que le travail demandé change de nature et qu'une réflexion approfondie est exigée dans toutes les disciplines là où l'apprentissage systématique d'une leçon suffisait souvent au collège.

- Ce texte est argumentatif dans la mesure où il justifie une opinion.
- Vous devez d'abord vous demander quel est le thème du texte : ici, c'est l'entrée en seconde.
- Ensuite, vous devez chercher la thèse, c'est-à-dire l'opinion défendue, qui est en général présentée au début : ici, la thèse est que « l'entrée en seconde est une étape difficile ».
- Enfin, vous devez, à l'aide des paragraphes et des connecteurs logiques (voir fiche 12), repérer les arguments, c'est-à-dire les justifications, les preuves, être capable de les reformuler avec vos propres mots. Ici il y a deux arguments introduits respectivement par *d'abord* et *ensuite*. Le premier est que les élèves profitent parfois de l'absence de surveillance pour ne pas être sérieux ; le second est qu'ils doivent fournir davantage de réflexion qu'au collège.

J'apprends

- Un **texte argumentatif** expose une **opinion** et la développe au moyen d'**arguments** et d'**exemples**.
- Les arguments sont en général séparés les uns des autres par des **paragraphes**. Ils sont situés les uns par rapport aux autres grâce à des **connecteurs logiques** *(d'abord, ensuite, donc...)*.
- Ils utilisent un **vocabulaire abstrait**, comme ici liberté et *contrainte*, *réflexion* ou *apprentissage*.

J'applique — À vous !

Laquelle de ces deux phrases est un argument qui soutient la thèse du texte ci-dessus ?

1. Les élèves sont plus nombreux dans les classes, donc les professeurs peuvent accorder moins d'attention à chacun.

2. On a besoin de beaucoup moins travailler au lycée qu'au collège.

❶ ★☆☆ Voici une série d'arguments sur le transport par avion. Indiquez si chacun d'eux est pour (P) ou contre (C).

1. L'avion permet de parcourir de grandes distances en peu de temps. ......
2. L'avion consomme énormément d'énergie. ......
3. Les passagers ne voient rien des régions et pays qu'ils survolent. ......
4. On peut regarder des films pendant le trajet. ......
5. Les aéroports sont loin des villes : il faut du temps pour s'y rendre. ......
6. L'avion réalise le vieux rêve de l'homme : voler. ......

/6 points

❷ ★★☆ Trouvez trois arguments différents pour défendre l'intérêt de l'ordinateur pour les jeunes, et trois autres pour montrer ses dangers.

......

/6 points

❸ ★★★ Lisez ce texte et répondez aux questions.

— Ma fille, lui dit Grandet, vous allez me dire où est votre trésor.
— Mon père, si vous me faites des présents dont je ne sois pas maîtresse, reprenez-les, dit froidement Eugénie en cherchant le napoléon sur la cheminée et en le lui présentant.
Grandet saisit vivement le napoléon et le coula dans son gousset.
— Je crois bien que je ne te donnerai plus rien. Pas seulement ça ! dit-il en faisant claquer l'ongle de son pouce sous sa maîtresse dent. Vous méprisez donc votre père, vous n'avez donc pas confiance en lui, vous ne savez donc pas ce que c'est qu'un père. S'il n'est pas tout pour vous, il n'est rien. Où est votre or ? (Balzac, *Eugènie Grandet*.)

1. Quel lien ont Eugénie et Grandet ? Justifiez votre réponse.

......

2. Quelle est le sujet de la dispute entre les deux personnages ?

......

3. Reformulez les arguments de chacun d'eux.

......

/8 points

TOTAL : /20 points

▶ Corrigés p. 125

Bilan 5 Lecture-Écriture

Cochez la bonne case quand vous avez trouvé la réponse. Il n'existe qu'une seule possibilité. Chaque bonne réponse vaut 2 points.

1 Sélectionnez ce qu'on attend d'une réponse à une question de brevet :

2 points

a. ☐ recopier la question
b. ☐ justifier la réponse
c. ☐ raconter sa vie

2 Dans un récit, celui qui raconte est :

2 points

a. ☐ l'auteur
b. ☐ le narrateur
c. ☐ le personnage

3 Si le narrateur se met dans la peau d'un personnage, il a un point de vue :

2 points

a. ☐ interne
b. ☐ externe
c. ☐ omniscient

4 Une autobiographie est :

2 points

a. ☐ le récit de la vie de quelqu'un
b. ☐ le récit de la vie de la Terre
c. ☐ une liste de livres
d. ☐ le récit que quelqu'un fait de sa propre vie

5 Le narrateur d'une autobiographie est :

2 points

a. ☐ l'auteur
b. ☐ le personnage
c. ☐ les deux
d. ☐ ni l'un ni l'autre

6 Les indications de mise en scène s'appellent :

2 points

a. ☐ bibliographies
b. ☐ didascalies
c. ☐ discalidies

7 Une tirade est :

2 points

a. ☐ une dispute
b. ☐ une longue réplique
c. ☐ la publication d'une pièce

8 Dans un poème, un alexandrin est un vers de :

2 points

a. ☐ 8 syllabes
b. ☐ 10 syllabes
c. ☐ 12 syllabes

9 La justification d'une opinion est :

2 points

a. ☐ un argument
b. ☐ une preuve
c. ☐ un exemple

10 Les paragraphes d'une argumentation sont liés par :

2 points

a. ☐ des connecteurs spatiaux
b. ☐ des connecteurs logiques
c. ☐ des connecteurs temporels

TOTAL : ______ / 20 points

▶ *Corrigés p. 125*

Brevet Sujet du brevet

Dix voyageurs sont partis en diligence de Rouen, tôt le matin : trois couples de grands bourgeois, deux bonnes sœurs, un républicain, et une jolie prostituée surnommée Boule de suif, que les autres méprisent. Ils se dirigent vers Dieppe, mais le voyage est retardé plusieurs heures par une tempête de neige. Tout le monde a de plus en plus faim.

Enfin, à trois heures, comme on se trouvait au milieu d'une plaine interminable, sans un seul village en vue, Boule de suif, se baissant vivement, retira de sous la banquette un large panier couvert d'une serviette blanche.

Elle en sortit d'abord une petite assiette de faïence, une fine timbale en argent, puis une vaste terrine dans laquelle deux poulets entiers, tout découpés, avaient confi sous leur gelée ; et l'on apercevait encore dans le panier d'autres bonnes choses enveloppées, des pâtés, des fruits, des friandises, des provisions préparées pour un voyage de trois jours, afin de ne point toucher à la cuisine des auberges. Quatre goulots de bouteilles passaient entre les paquets de nourriture. Elle prit une aile de poulet et, délicatement, se mit à la manger avec un de ces petits pains qu'on appelle « Régence » en Normandie.

Tous les regards étaient tendus vers elle. Puis l'odeur se répandit, élargissant les narines, faisant venir aux bouches une salive abondante avec une contraction douloureuse de la mâchoire sous les oreilles. Le mépris des dames pour cette fille devenait féroce, comme une envie de la tuer ou de la jeter en bas de la voiture, dans la neige, elle, sa timbale, son panier et ses provisions.

Mais Loiseau dévorait des yeux la terrine de poulet. Il dit : « À la bonne heure, madame a eu plus de précautions que nous. Il y a des personnes qui savent toujours penser à tout. » Elle leva la tête vers lui : « Si vous en désirez, monsieur ? C'est dur de jeûner depuis le matin. » Il salua : « Ma foi, franchement, je ne refuse pas, je n'en peux plus. À la guerre comme à la guerre, n'est-ce pas, madame ? » Et, jetant un regard circulaire, il ajouta : « Dans des moments comme celui-ci, on est bien aise de trouver des gens qui vous obligent. » Il avait un journal, qu'il étendit pour ne point tacher son pantalon, et sur la pointe d'un couteau toujours logé dans sa poche, il enleva une cuisse toute vernie de gelée, la dépeça avec ses dents, puis la mâcha avec une satisfaction si évidente qu'il y eut dans la voiture un grand soupir de détresse.

Guy de Maupassant, *Boule de suif.*

Première partie

Questions

Toutes vos réponses devront être rédigées.

I. Un panier alléchant (lignes 4 à 11)

1. a. Quels connecteurs sont utilisés pour annoncer successivement les éléments qui composent le panier ?

b. Quel effet produisent-ils ?

2. Ligne 4 : « une petite assiette de faïence, une fine timbale en argent »

a. Relevez les expansions nominales et indiquez leur nature.

b. Quel est l'effet recherché ?

3. Ligne 10 : « délicatement »

a. Quelle est la nature du mot ?

b. Expliquez sa formation.

c. Quelle image nous donne-t-il de la personnalité de Boule de suif ?

II. La réaction des passagers (lignes 12 à 16)

1. Quel champ lexical apparaît dans la première phrase du paragraphe ?

2. Que pensez-vous de la réaction des « dames » ?

3. Quels mots représentent Boule de suif dans ce passage ?

III. Un dialogue intéressé (lignes 17 à 27)

1. Lignes 17 à 19 : « À la bonne heure [...] penser à tout. »

a. La réplique de Loiseau vous paraît-elle sincère ? Justifiez votre réponse.

b. Réécrivez cette phrase en transposant ses paroles au discours indirect.

2. a. Comment réagit Boule de suif ?

b. Quelle qualité montre-t-elle ?

3. Lignes 26 à 27 : « puis la mâcha [...] soupir de détresse. »

a. Relevez une proposition subordonnée et donnez-en la nature et la fonction.

b. Pourquoi y a-t-il « soupir de détresse » dans la voiture ?

Réécriture

Lignes 23-26 : « Il avait [...] mâcha » : réécrivez le passage en remplaçant « il » par « ils » et « une cuisse » par « des cuisses » puis faites toutes les modifications nécessaires.

Dictée

Mais Boule de suif, d'une voix humble et douce, proposa aux bonnes sœurs de partager sa collation. Elles acceptèrent toutes les deux instantanément, et, sans lever les yeux, se mirent à manger très vite après avoir balbutié des remerciements. Cornudet* ne refusa pas non plus les offres de sa voisine, et l'on forma avec les religieuses une sorte de table en développant des journaux sur les genoux.

* Épeler.

Deuxième partie

Rédaction

Vous aussi, vous avez ressenti un jour une envie intense.
Racontez ce moment en développant vos pensées, sentiments et sensations.

Critères de réussite :

- Respect de la situation d'énonciation.
- Correction de la langue :
  - Respect de la construction des phrases.
  - Précision du vocabulaire.
  - Respect de l'orthographe.

▶ Corrigés p. 125

La partie des Dix

Dix règles d'orthographe grammaticale

Le verbe s'accorde avec son sujet

La règle d'or est de vous demander : *Qui est-ce qui… ?* au moment où vous écrivez le verbe. Attention ! Le sujet n'est pas toujours devant le verbe.

Ex. : *Elle les croit.* Qui est-ce qui croit ? *Elle*, singulier, donc *-oit.*

L'adjectif s'accorde avec le nom

Demandez-vous : *Qui est-ce qui est… ?* Attention ! L'adjectif n'est pas toujours à côté du nom.

Ex. : *Étonnées, les vendeuses lui ont demandé ce qu'il voulait.* Qui est-ce qui est étonné ? *Les vendeuses*, féminin pluriel, donc *-ées.*

Les adjectifs de couleur s'accordent avec le nom

Des robes jaunes et vertes. Sauf s'ils sont précisés par un autre adjectif (*des robes vert foncé*) ou s'ils sont formés à partir du nom d'une chose (*des robes marron et orange* ; sous-entendu de la couleur d'un marron et de la couleur d'une orange).

Les adjectifs numéraux sont invariables

Sauf *vingt* et *cent* lorsqu'ils sont multipliés et non suivis d'un autre adjectif numéral.

Ex. : *quatre-vingts, huit cents*, mais *quatre-vingt-cinq, huit cent dix.*

Accord de tout

Tout s'accorde avec le nom lorsqu'il est déterminant (*tous les jours*) ou pronom (*ils ont tous participé*). Normalement il ne s'accorde pas lorsqu'il est adverbe (*ils sont tout contents*). On peut alors le remplacer par *très.* Mais au féminin on l'accorde quand même (*elle est toute contente*).

Chaque et chacun s'accordent toujours au singulier

Ex. : *Chaque jour, chacun a…*

Certains participes passés se terminent par -s, ou -t, d'autres par une voyelle

En cas d'hésitation, il faut les mettre au féminin car alors, s'il y a une consonne, elle devient sonore.

Ex. : *Il a pris* [prise, donc -s] mais *il a voulu* [*voulue*, donc pas de consonne].

Le participe passé employé avec l'auxiliaire *être* s'accorde avec le sujet

Ex. : *Elles sont venues.*

Le participe passé employé avec l'auxiliaire *avoir* ne s'accorde jamais avec le sujet

Ex. : *Ils ont acheté des fleurs.*

Le participe passé employé avec l'auxiliaire *avoir* s'accorde avec le COD si celui-ci est placé avant le verbe

Ex. : *Les fleurs, ils les ont achetées.*

Dix règles d'orthographe lexicale

Accord des noms féminins

Les noms abstraits féminins en *-té* ou *-tié* ne prennent pas de *-e* (*beauté, pureté, santé, pitié…*) sauf *dictée, jetée, pâtée, potée.*

Doublement des consonnes (1)

Les consonnes *l*, *m*, *n*, *r* et *s* doublent souvent entre deux voyelles.

Ex. : *une allocation, une pomme, une canne, une équerre, un tasseau.*

Doublement des consonnes (2)

Les consonnes *c*, *f* et *p* doublent souvent entre deux voyelles mais aussi devant *l* ou *r.*

Ex. : *un accès, accrocher, effacer, effrayant, apporter, apprivoiser.*

Doublement des consonnes (3)

La consonne *t* redouble devant *r.*

Ex. : battre.

Mots issus du grec

Certains mots savants issus du grec ont un *h* ou un *y*.

Ex. : *pharmacie, hypocrite…*

Mots composés

Les noms composés issus de verbes sont invariables (*des savoir-vivre*). En revanche, s'ils sont composés d'un adjectif et d'un nom, les deux s'accordent au pluriel (*des grands-parents*).

Mots commençant par un h muet

Certains mots commencent par un *h* muet.

Ex. : habit, haleine, héberger, héréditaire, horreur, héros, humide, hebdomadaire, humain, hallucination, hermétique…

Mots en -ueil

Après les consonnes *c* et *g,* le son *-euil* s'écrit *-ueil.*

Ex. : *orgueil, accueil…*

Terminaison des mots invariables qui se terminent par -s

alors, lors, dès, jamais, désormais, autrefois, quelquefois, parfois, toujours, puis, depuis, jadis, près, après, auprès, *hors, dehors, ailleurs, dessus, dessous, sous, dans, dedans, vers, envers, travers, moins, très, néanmoins, mais, toutefois, exprès, volontiers, certes.*

Terminaison des mots invariables qui se terminent par -ant

pendant, cependant, durant, maintenant, auparavant, dorénavant, tant, pourtant, autant.

Dix préfixes

préfixes	sens	exemples
bi-	deux	bicyclette
co-	avec	coopérer
é- / ex-	mouvement vers l'extérieur	exporter, émigrer
in- / im- / il- / ir-	le contraire mouvement vers l'intérieur	illisible, impossible importer, immigré
inter-	entre	international
mono-	un seul	monopole
pré-	ce qui est avant	un préfixe précède
re-	la répétition ou le retour au point de départ	recommencer, revenir
sub-	sous	subconscient
sur-	au-dessus	survoler, surveiller

Dix consignes à bien comprendre

Relevez…

Il s'agit de trouver quelque chose dans un texte (des mots, des passages brefs) et de le recopier.

Citez…

Il s'agit de recopier entre guillemets quelques mots d'un texte, en général pour justifier la réponse à une question.

Expliquez…

Il s'agit de rédiger une phrase avec ses propres mots, c'est-à-dire sans recopier le texte mais en le reformulant pour donner les causes, les raisons d'un fait.

Justifiez…

Il s'agit de rédiger une phrase avec ses propres mots, c'est-à-dire sans recopier le texte mais en le reformulant, pour donner des arguments et des preuves.

Quelle impression vous fait…

Il peut s'agir d'une bonne ou d'une mauvaise impression, mais il faut justifier la réponse.

Donnez des mots de la même famille que…

Il s'agit de trouver, en dehors du texte, en utilisant ses connaissances, des mots formés sur le même radical (*imprudemment* ➤ *prudent*, *prudence*, *prudemment*).

Expliquez la formation du mot…

Il s'agit de donner son radical, son préfixe (avec son sens) et son suffixe.

Relevez le champ lexical de…

Il s'agit de trouver dans le texte des mots se rapportant au même thème (*noir*, *obscur*, *ténèbres*, *nuit* font partie du champ lexical de l'obscurité).

Quel est le point de vue adopté par… ?

Dans un texte raconté par un narrateur extérieur, à la troisième personne, il s'agit de dire si le narrateur sait tout (point de vue omniscient) ou s'il se met à la place d'un des personnages en particulier (point de vue interne).

Expliquez la valeur du temps…

Il faut d'abord dire quel temps est employé, puis quelle image il donne de l'action (imparfait de l'indicatif à valeur de description ou d'habitude ; présent de l'indicatif à valeur de vérité générale…).

Corrigés

Grammaire

1. Les déterminants et les pronoms | p. 8

J'applique

1. Les fraises, je **les** aime avec beaucoup de chantilly et **quelques** fraises. – **2. Ce** matin, **c'**était le carnaval : **tout** le monde est venu déguisé. – **3. Quelques** profs étaient déguisés aussi.. – **4. On** a pris **plusieurs** photos dont **certaines** sont géniales.

Je m'entraîne

1 **1.** leurs – leur. – **2.** leurs – les. – **3.** mes – le mien.

Conseil aux parents : *Leur* peut prendre un *-s* lorsqu'il est pronom ou déterminant possessif (*leurs parents*, *les leurs*) mais pas lorsqu'il est pronom personnel (*je leur ai dit*).

2 **1.** Je préfère *celle-ci* à *celle-là*. – **2.** J'aime aussi beaucoup *la tienne*. – **3.** *Laquelle* me conseilles-tu ? – **4.** *Cela* ne m'intéresse pas.

3 pronom personnel – déterminant possessif – déterminant indéfini – pronom indéfini – pronom personnel.

4 Le pronom *on* désigne le narrateur et les camarades de jeu de son enfance, sans que le lecteur sache qui ils sont exactement, d'où l'emploi de *on* de préférence à *nous*.

2. Les fonctions dans le groupe nominal | p. 10

J'applique

(Exemples de réponse.) J'ai vu un **excellent** film **d'horreur**, qui raconte l'histoire d'un **professeur de psychologie** qui **enquête sur un meurtrier** avec l'aide **de ses étudiants**.

Je m'entraîne

1 **1.** Il nous a emmenés dans la **maison** de ses grands-parents. – **2.** C'est une **demeure** immense et luxueuse mais délabrée, avec un **toit** d'ardoise à quatre pentes qui s'écroule par morceaux. – **3.** À l'intérieur il y a un immense **escalier** tournant qui mène à l'étage et une grande **balustrade**.

2 (Exemples de réponses.) **1.** dans une région magnifique – belle – avec piscine. – **2.** de grandes – à vélo.

3 **1.** adjectif qualificatif, épithète du nom *gens*. – **2.** GN, complément du nom *hommes* – adjectif qualificatif, épithète du nom *costume*. – **3.** GN, complément du nom *veste*. – **4.** proposition subordonnée relative, complément de l'antécédent *ados*.

4 *minuscules* : adjectif qualificatif. – *qui courent sur la surface du globe* : proposition subordonnée relative. – La comparaison de l'homme avec des insectes le diminue et le ridiculise.

3. Les fonctions dans la phrase : le sujet et l'attribut du sujet

p. 12

J'applique

Les Grands Électeurs américains ont voté en majorité pour Barack Obama, **qui** est le premier Président noir de l'histoire des États-Unis.

Je m'entraîne

1 **1.** Le personnage de la pièce, qui est valet d'un comte, prépare son mariage avec la servante de la comtesse. – **2.** Mais le comte, qui s'est lassé de sa femme, veut coucher avec la servante en question. – **3.** Les deux femmes sont complices et parviennent à lui tendre un piège. – **4.** Ainsi le trompeur est-il trompé.

2 **1.** *gros* : épithète de *lot*. – **2.** *déçue* : épithète détachée de *elle*. – **3.** *châtain* : épithète de *cheveux*. – *décoiffés* : attribut de *cheveux* – *enfantine* : attribut de *elle*.

3 Elles furent stupéfaites d'apprendre que leur frère avait remporté le championnat. Elles étaient honteuses de n'avoir pas crû à ses chances mais fières que leur frère ait atteint son but.

4 **1.** Le sujet *la misère la plus noire* est mis en valeur par sa place inhabituelle, après le verbe : il est inversé. – **2.** Cela produit un effet de suspense, qui choque pour faire prendre conscience du contraste entre la richesse de la ville et la pauvreté de ce qui l'entoure.

5 **1.** *illettré* est formé à partir du radical *lettre*. Le participe passé en *-é* forme un adjectif et le préfixe *il-* lui donne un sens négatif. – **2.** Il désigne les gens qui ne savent pas lire. – **3.** Sa fonction est : attribut du sujet *certains Français*.

4. Les fonctions dans la phrase : les compléments essentiels

p. 14

J'applique

Pierre se souvient de la première fois où il est allé tout seul au cinéma. Il a pris le train avec sa cousine pour aller voir *Peau d'âne* à Paris.

Je m'entraîne

1 **1.** Les enfants l'ont adopté. – **2.** Ils lui en ont demandé un. – **3.** Ils les en ont convaincus. (Attention ! Le participe passé s'accorde avec le COD quand il est placé avant le verbe, notamment quand il est pronom.)

❷ **1.** *des ours* : COD du verbe *introduire*. – *l'espèce* : COD du verbe *préserver*. **2.** *mécontents* : attribut du sujet *bergers*. – *des prédateurs* : attribut du sujet *les ours*. – **3.** *à un compromis* : COI du verbe *réfléchir*.

❸ **1.** *effrayée* : attribut du sujet *la mère*. – **2.** *les yeux* : COD du verbe *fermait*. – *son fils* : sujet du verbe *s'élançait*. – **3.** *des cris* : COD du verbe *poussait*. – *l'* : COD du verbe *admirer*. – **4.** *à le regarder* : COI du verbe *s'obligea*.

❹ **1.** *les* représente *les ordres*. – *leur* représente *les filles*. – **2.** *les* est COD du verbe *exécuter* (elles refusèrent d'exécuter quoi ? *les ordres*). – *leur* est COI du verbe *montrer* (elle décida de montrer à qui ? *aux filles*).

5. Les fonctions dans la phrase : les compléments circonstanciels | p. 16

J'applique

1. b. – **2.** a. – **3.** c.

Je m'entraîne

❶ (Exemple de réponse.) Dimanche (temps), je me suis levé tard (temps) parce que je suis allé à une soirée (cause).

❷ **1.** temps. – **2.** but. – **3.** concession.

❸ **1.** *bientôt* : adverbe, complément circonstanciel de temps du verbe *falloir*. – *la fête pour l'anniversaire de Karim* : GN, COD du verbe *organiser*. – **2.** *Comme j'ai rencontré ta mère* : proposition subordonnée, complément circonstanciel de cause du verbe *penser* (voir fiche 8). – *à toi* : groupe pronominal, COI du verbe *penser*.

❹ **1.** *longuement* : complément circonstanciel de temps. – *avec complaisance* : complément circonstanciel de manière. – *avec cérémonie* : complément circonstanciel de manière. – *comme on salue les grands personnages* : complément circonstanciel de comparaison. – **2.** Ces compléments circonstanciels soulignent la vanité du personnage : il est extrêmement satisfait de lui-même. Il fait penser au mythe de Narcisse, qui s'admire tellement dans l'eau d'un lac qu'il finit par y tomber et s'y noyer.

6. Les propositions : phrase simple et phrase complexe | p. 18

J'applique

[Mon entraîneur de basket m'a annoncé] [que je participerais à la prochaine compétition].

Je m'entraîne

❶ **1.** simple. – **2.** complexe. – **3.** complexe. – **4.** simple.

❷ **1.** subordonnée : [Comme elle voulait voir le film] ; principale : [Nadia est allée à la séance du matin]. – **2.** subordonnée : [Elle n'a trouvé personne pour l'accompagner] ; indépendante : [car ses amies préféraient faire la grasse matinée]. – **3.** indépendante : [Elle a été déçue] ; indépendante : [le film était sans intérêt]. – **4.** principale : [Elle a décidé] ; subordonnée : [que la prochaine fois elle serait plus patiente].

Conseil aux parents : La virgule ne « compte » que s'il n'y aucun mot subordonnant. Dans la phrase 1, la virgule ne compte pas car la conjonction de subordination *comme* est plus importante.
La subordonnée n'est pas forcément placée après la principale.
La subordonnée est celle qui contient le mot subordonnant.

3 **1.** L'onde mortelle atteignit la ville si bien que les gens s'immobilisèrent dans les rues. – **2.** Le lien logique exprimé est la conséquence. – **3.** L'absence de lien logique dramatise l'événement (c'est-à-dire le rend plus brutal).

4 **1.** les phrases de ce passages sont nominales et exclamatives. – **2.** C'est une invocation. Le poète célèbre avec enthousiasme la création du monde.

Conseil aux parents : Dans les questions de brevet, ce qui compte c'est plus la compréhension du texte et la capacité à juger le style de l'auteur que la grammaire

7. Les propositions subordonnées (1) p. 20

J'applique

1. J'ai un ami qui m'a proposé de venir regarder un DVD chez lui samedi soir. – **2.** C'est un film dont a parlé la prof de français. – **3.** Acceptez-vous que j'y aille ?

Je m'entraîne

1 **1.** J'ai un cheval qui s'appelle Fakir. – **2.** Je sais que tu veux sortir samedi. – **3.** Voilà le garçon dont je t'ai déjà parlé. – **4.** Je trouve que vous êtes trop sévère.

2 **1.** Je vois un garçon qui lit un livre assis à une table. – **2.** Cette fois c'est moi qui ai gagné.

3 **1.** [Le bébé [...] se tut tout d'un coup] : proposition principale. – [qui était surpris] : proposition subordonnée relative, complément de l'antécédent *bébé*. – **2.** [Aviez-vous prévu] proposition principale. – [que vous connaîtriez un événement de cette importance] : proposition subordonnée complétive, COD du verbe *prévoir*. – **3.** [Tout flatteur vit aux dépens de celui] : proposition principale. [qui l'écoute] : proposition subordonnée relative, complément de l'antécédent *celui*. – **4.** [Le renard jura, mais un peu tard,] : proposition principale. [qu'on ne l'y prendrait plus] : proposition subordonnée complétive, COD du verbe *jurer*.

4 **1.** *tenait* : *imparfait*. avions fixé : plus-que-parfait. – **2.** [La moitié du pauvre esquif tenait encore par la corde au roc] : proposition principale ; [où nous l'avions fixé la veille] : proposition subordonnée relative, complément de l'antécédent *roc*.

8. Les propositions subordonnées (2) | p. 22

J'applique

[Je n'ai pas vu Mathieu] [depuis que nous sommes allés au bowling]. [Comme d'habitude il m'appelle toutes les semaines], [je commence à me demander] [s'il va bien].

Je m'entraîne

1 **1.** Elle demande qui veut passer le premier. – **2.** Ils se demandaient s'il arriverait à temps. – **3.** Je voudrais savoir où nous allons. – **4.** Je lui demandai quel avait été le plus beau jour de sa vie.

2 **1.** *où nous nous trompons à chaque fois* : proposition subordonnée relative, complément de l'antécédent *carrefour.* – **2.** *que nous arriverons en retard* : proposition subordonnée complétive, COD du verbe *pense.* – **3.** *pour qu'ils ne s'inquiètent pas* : proposition subordonnée conjonctive, complément circonstanciel de but du verbe *téléphoner.*

3 [Quand j'étais petite] : proposition subordonnée conjonctive, complément circonstanciel de temps de *racontait.* – [même si elle rentrait tard] : proposition subordonnée conjonctive, complément circonstanciel d'opposition du verbe *racontait.* – [ma mère me racontait chaque soir une histoire en me couchant] : proposition principale. – [pour que je fasse de beaux rêves] : proposition subordonnée conjonctive, complément circonstanciel de but du verbe *racontait.*

4 Elle a eu peur donc elle s'est mise à trembler de tous ses membres.

5 **1.** C'est un rapport de cause. – **2.** Nous avancions tout doucement parce que la route était cabossée.

9. L'interrogation | p. 24

J'applique

1. DTS. – **2.** IT. – **3.** DPF.

Conseil aux parents : L'interrogation indirecte ne permet pas de distinguer le niveau de langue. Du coup, en rédaction, l'interrogation directe est préférable lorsqu'on fait parler un personnage de façon particulière, familière par exemple.

Je m'entraîne

1 **1.** partielle. – **2.** totale. – **3.** totale. – **4.** partielle.

2 **1.** Veux-tu ma photo ? – **2.** Pouvez-vous vous dépêcher ? – **3.** Faut-il du pain ? – **4.** Où vas-tu ?

3 **1.** J'ai demandé : « Qui veut venir ? » – **2.** Ils ont demandé : « C'est toi qui as dessiné l'affiche ? » – **3.** Je me demande : « Où va-t-on ? » – **4.** Vous m'avez demandé : « Comment est-ce que tu t'es musclé ? »

❹ **1.** La phrase en italiques est interro-négative. – **2.** Elle exprime les pensées de Poil de carotte qui a peur, elle n'est pas prononcée à voix haute.

10. La mise en relief | p. 26

J'applique

1. C'est Soufiane qui a gagné le cross du collège. – **2.** Il a gagné le cross du collège, Soufiane.

Je m'entraîne

❶ **1.** C'est aux États-Unis que les Morel sont allés. – **2.** Ils ont fait un safari en Afrique, les Guillaud. – **3.** Ma tante, elle habite à la campagne. – **4.** Quelle chipie, Adélaïde !

❷ **1.** C'est en décembre que le métro est bondé. – **2.** C'est Victor qui m'a appris la bonne nouvelle. – **3.** Voilà plusieurs mois que les travaux durent. – **4.** Il y a quelqu'un qui t'attend à la porte.

❸ **1.** Ils vont voir le spectacle de Foresti, Yazid et Simon. – **2.** Sabrina, elle aime le saucisson. – **3.** Ewan, il est bon au foot. – **4.** New York, c'est ma ville préférée.

❹ **1.** Un véritable héros, le candidat ! – **2.** Lamentable, la nourriture ! – **3.** Stupéfiante, cette victoire ! – **4.** Quelle belle journée !

❺ Le terme mis en relief est le pronom personnel de 1re personne, *moi*, qui reprend *je*. Il met en valeur le fait que le locuteur a absolument besoin de manger, malgré les arguments qu'on lui oppose.

11. Les reprises nominales et pronominales | p. 28

J'applique

Giuliano est un de mes amis. Il joue de la guitare et adore le montage photo. J'aimerais aller chez lui samedi soir.

Je m'entraîne

❶ **1.** Woody Allen a rencontré l'actrice à New York pour lui proposer le rôle dans son film *Vicky Cristina Barcelona*. – **2.** Le réalisateur a l'habitude de tourner ses films très vite.– **3.** Le film était une commande de la ville de Barcelone. – **4.** Les Barcelonais étaient fiers de reconnaître leur ville dans le film.

❷ **1.** J'aime beaucoup *E. T.*, le film du génial Spielberg. Ou : J'aime beaucoup *E. T.*, le génial film de Spielberg. – **2.** Je connais un garçon riche, qui habite dans une maison immense. – **3.** Quand Martin est allé au cinéma avec son père, ce dernier lui a beaucoup parlé. Ou : ils se sont beaucoup parlé (les deux, aux deux, réciprocité). Ou : Quand ils sont allés au cinéma, Martin a beaucoup parlé à son père.

❸ **1.** Le premier *elle* du texte représente Sylvie, le second représente Adrienne. – **2.** Le premier *nous* représente le narrateur et Sylvie, le second représente le narrateur et Adrienne. – **3.** Adrienne est d'abord désignée comme *une blonde, grande et belle*. Ensuite, le prénom est repris par le GN *la belle*.

12. Les connecteurs | p. 30

J'applique

Hier, à la soirée, je me suis éclaté. Mais aujourd'hui, je me sens mal.

Je m'entraîne

❶ **1.** donc. – **2.** Dès. – **3.** car. – **4.** Puisque. – **5.** Avant que.

❷ **1.** Ce livre est tellement génial que je l'ai relu trois fois. – **2.** Il a peu de vocabulaire mais il refuse d'ouvrir un dictionnaire. – **3.** Bien que cette pièce soit une comédie, elle ne me fait pas rire.

❸ **1.** Logique : but. – **2.** temps. – **3.** Logique : condition. – **4.** espace. – **5.** Logique : condition.

❹ *Puisque* peut être remplacé par *car*. Il exprime la cause.

❺ La conjonction *et* exprime ici la conséquence.

13. Les marques de l'énonciation | p. 32

J'applique

La phrase 1, car elle est au présent et à la première personne.

Je m'entraîne

❶ Les indices sont : *dix-huit ans*, *boue*, *coq*. Le narrateur a presque dix-huit ans et vit à la campagne.

❷ Les phrases 1 et 3 sont familières par leur lexique (*kiffe*, *boulot*, *sentir*), mais surtout par leur syntaxe (absence du ne dans la négation [1], mise en relief par le détachement du pronom *moi* [1] avec présentatif [3] : *ce que… c'est* [voir fiche 10]).

❸ La scène se passe au bord de la mer (*pêcheur*, *écueil*, *arête d'un rocher*).

❹ **1.** la phrase est familière par son lexique (*pousser* au sens d'exagérer) et par sa syntaxe (il manque le pronom *il* et le *ne* négatif). – **2.** Le narrateur utilise ce niveau de langue parce qu'il est en colère. – **3.** *gosse* est familier ; dans *on gagnait pas*, il manque le *ne* ; l'expression *déjà qu'on* est familière aussi. – **4.** Il ne faut pas exagérer !

14. Les paroles rapportées : discours direct, indirect, indirect libre p. 34

J'applique

Elle me confia qu'elle n'avait pas d'autre moyen de jouer de la musique. Ses parents l'avaient menacée de l'obliger à arrêter complètement ses études si elle s'obstinait. « Inutile d'insister », m'avait-elle dit.

Je m'entraîne

❶ **1.** discours indirect. – **2.** discours direct. – **3.** discours indirect libre. – **4.** discours indirect.

❷ **1.** Il a dit : « Je regrette qu'il (ou elle) ne soit pas venu(e). – **2.** Elle a demandé : « Quand est-ce que nous aurons nos notes ? »

❸ **1.** Il nous a ordonné de nous taire. – **2.** Nous lui avons demandé où il irait le lendemain.

Conseil aux parents : Ce ne sont pas seulement les temps qui changent, mais les connecteurs temporels et surtout les pronoms. Il faut imaginer la situation d'énonciation : Qui parle ? À qui ?

❹ **1.** Les paroles sont rapportées au discours direct. – **2.** Elles révèlent la force de la décision du locuteur. – **3.** Je me disais que même s'ils me donnaient deux mille vers, je ne trahirais pas Michu. – **4.** Le discours direct est plus intéressant car il montre la façon particulière dont le personnage se parle à lui-même en utilisant deux jurons, *baste* et *du diable,* que le discours indirect ne peut pas rendre.

15. Le verbe actif ou passif, pronominal, impersonnel p. 36

J'applique

[Il faut] : IM – [que j'aille] : AC – [a été fermée] : PA – [s'enfuie] : PR.

Je m'entraîne

❶ **1.** Les ménages endettés ont été fragilisés par la crise financière. – **2.** Je suis invitée à une soirée par Omar. – **3.** La pelouse est tondue par les enfants. – **4.** Les salades ont été dévorées par les limaces.

❷ **1.** Une dépanneuse remorque la voiture. – **2.** On donna le top départ à midi.

Conseil aux parents : Quand le complément d'agent du verbe passif n'est pas exprimé, on utilise *on* comme sujet à l'actif.

❸ **1.** Il suffit d'un appareil photo de 2 mégapixels pour obtenir des photos d'une qualité correcte. – **2.** Il existe près de vingt accessoires différents pour ta console.

❹ **1.** Le TGV **se déplace** à 300 km/h. – **2.** Le menu du jour à 8 euros **se compose** d'une entrée…

❺ La chambre, qui était vaste et confortable, était éclairée par un grand feu…

16. Le système des temps et des modes | p. 38

J'applique

Il veut que je porte son sac mais je porte déjà le mien.

Je m'entraîne

❶ **1.** avait fini. – **2.** soit ou fût. – **3.** rentra ; dormait.

❷ **1.** ferais. – **2.** viennes. – **3.** irons. – **4.** serais venu *ou* venue.

❸ **1.** conditionnel présent (futur dans le passé). – **2.** imparfait de l'indicatif (description). – **3.** passé simple de l'indicatif (exprime l'action principale de ce passage coupé de la situation d'énonciation).

❹ **1.** *Avais gagné* est au plus-que-parfait de l'indicatif. Il exprime une action antérieure à l'action principale *arriva*.

Conseil aux parents : Même lorsque ce n'est pas précisé, il faut commencer par indiquer le mode et le temps auxquels est conjugué chaque verbe souligné. « Explique l'emploi » ou « indique la valeur » sont des consignes équivalentes. Il s'agit d'expliquer pourquoi on emploie ce temps et ce mode et pas un autre, en se référant au cours.

❺ Ils s'habituent progressivement à l'internat. Ils ont des notes correctes en classe. Ils se sont fait quelques amis, dont ils ont gagné l'estime au moment du cross qui a eu lieu au début de l'année scolaire.

17. Les valeurs du présent | p. 40

J'applique

Mes parents me confient le soin de décorer le sapin et j'y prends grand plaisir.

Je m'entraîne

❶ **1.** habitude. – **2.** énonciation (valeur de base). – **3.** vérité générale. – **4.** présent de narration. – **5.** vérité générale. – **6.** énonciation

❷ (Exemples de réponse :)
m'approchai – tendais – fait – entre – allume – fais – dit – emporta – dus.

❸ **1.** La deuxième phrase utilise un présent de narration, qui vient rendre plus saisissant le récit au passé simple. – **2.** le présent peut aussi avoir une valeur d'habitude (*je bois du café le matin*) ou de vérité générale (*l'eau bout à 100 degrés*).

Bilan 1 | p. 42

1. b. – **2.** b. – **3.** c. – **4.** b. – **5.** a. – **6.** a. – **7.** a. – **8.** b. – **9.** c. – **10.** a.

Conjugaison

18. L'indicatif : temps simples et temps composés | p. 44

J'applique

1. j'avais travaillé, tu avais travaillé, il avait travaillé, nous avions travaillé, vous aviez travaillé, ils avaient travaillé – **2.** j'aurai travaillé, tu auras travaillé, il aura travaillé, nous aurons travaillé, vous aurez travaillé, ils auront travaillé – **3.** j'eus travaillé, tu eus travaillé, il eut travaillé, nous eûmes travaillé, vous eûtes travaillé, ils eurent travaillé.

Je m'entraîne

1 **1.** j'aurai fait. – **2.** ils eurent combattu. – **3.** vous êtes parti(e)s. – **4.** tu avais eu peur. – **5.** il eut pris.

2 avaient fini – se demandaient – proposa – aura gagné – pourra – dites.

3 passé antérieur – passé simple – imparfait – présent – passé composé (Remarque : dans *j'étais perdue*, le verbe est à l'imparfait de la voix passive.)

4 **1.** La forme *j'avais trouvés* est au plus-que-parfait de l'indicatif. – **2.** Ce temps exprime une action qui s'est déroulée **avant** les événements principaux qui, eux, sont exprimés au passé simple *(fut)*.

19. Le présent de l'indicatif | p. 46

J'applique

1. j'écris, ils écrivent. – **2.** je peux, ils peuvent. – **3.** je meurs, ils meurent. – **4.** je paye (ou je paie), ils payent (ou ils paient). – **5.** je combats, ils combattent.

Je m'entraîne

1 **1.** vous cueillez. – **2.** il va. – **3.** vous dites. – **4.** je prends. – **5.** ils voient.

2 veux – ont – vont – obligez – faites.

> **Conseil aux parents :** Au brevet, pour ce type d'exercice, on compte 1 point par verbe et on enlève 1 point par faute de copie.

3 **1.** Quand on **veut** manger une tarte, on **court** au verger. – **2.** On **secoue** un pommier ou un prunier, selon les consignes maternelles, et on **ramasse** les fruits tombés. – **3.** Parfois on **grimpe** à l'arbre et on **s'asseoit** à califourchon sur la branche qui nous **paraît** la plus solide. – **4.** Les filles **récupèrent** d'en bas les fruits qu'on leur **lance**. – **5.** Au retour, on se **rappelle** les moments les plus périlleux.

20. Le passé simple | p. 48

J'applique

1. je pris, il prit, nous prîmes, ils prirent. – **2.** je pria, elle pria, nous priâmes, elles prièrent.

Je m'entraîne

❶ **1.** il alla. – **2.** nous écrivîmes. – **3.** elle courut. – **4.** j'aperçus.

❷ vit – trouva – rit – put.

❸ Enlevez 1 point pour les fautes sur les verbes (accord et conjugaison), 2 pour les autres fautes.

❹ **Nous vîmes** Fabrice et Nathan s'avancer dans le bois et **nous les suivîmes** en hésitant. **Ils nous appelèrent** pour **nous** encourager à **nous** approcher d'**eux** puis **ils nous tinrent** la main jusqu'à la clairière.

21. Le conditionnel | p. 50

J'applique

1. je serais, ils seraient ; j'aurais été, ils auraient été. – **2.** je saurais, ils sauraient ; j'aurais su, ils auraient su.

Je m'entraîne

❶ **1.** vous auriez pu. – **2.** nous courrions. – **3.** je verrais. – **4.** ils crieraient.

❷ seraient – manquerait – serait.

❸ **1.** m'ennuierais – pourrais. – **2.** offrirai. – **3.** proposerais. – **4.** pleuvra.

❹ **1.** souhait. – **2.** futur dans le passé (au présent, l'équivalent serait : *J'espère que ce sera possible cette année*). – **3.** irréel du passé.

❺ **1.** Le directeur nous a dit que nous **serions** répartis dans des chambres de quatre ou cinq personnes. – **2.** Le directeur nous a dit que le soir, les moniteurs **organiseraient** des soirées à thème et que les parents **recevraient** des nouvelles par Internet.

22. Le subjonctif | p. 52

J'applique

que je veuille, qu'il veuille. – que j'aie voulu, qu'il ait voulu. – que je voulusse, qu'il voulût.

Je m'entraîne

❶ **1.** que nous sachions. – **2.** qu'il ait dit. – **3.** que nous soyons. – **4.** qu'il écrivît.

❷ *avait songé* : indicatif plus-que-parfait. – *sentit* : indicatif passé simple. – *passait* : indicatif imparfait. – *eut* : indicatif passé simple. – *tremblât* : subjonctif imparfait.

❸ **1.** passé simple – passé simple. – **2.** subjonctif imparfait. – **3.** indicatif passé simple.

❹ **1.** Le subjonctif *saches* exprime une action qui n'a pas encore eu lieu, donc qui est encore virtuelle, au moment où se déroule celle de la principale. – **2.** *Suivent* exprime un ordre qui sera exécuté ou pas. – **3.** *Révisât* dépend de *il fallait*. L'action de réviser est nécessaire, mais pas certaine. Comme *fallait* est à l'imparfait, la concordance des temps oblige à utiliser le plus-que-parfait pour *révisât*.

5 Il exige qu'ils soient ponctuels et se tiennent en uniformes à la grille.

Bilan 2 | p. 54

1. c. – **2.** c. – **3.** d. – **4.** b. – **5.** c. – **6.** a. – **7.** c. – **8.** a. – **9.** b. – **10.** c.

Orthographe

23. L'accord sujet-verbe | p. 56

J'applique

1. Nicolas et Sadia, qui n'avaient jamais vu la mer, la découvrirent ensemble, à vingt ans. – **2. Ils** avaient travaillé tout l'été dans un supermarché et avaient pris le train pour Dieppe un gris matin de septembre. – **3.** Aussi étaient-ils seuls à fouler les galets et **la plage** leur appartenait.

Je m'entraîne

1 **1.** tètent. – **2.** abandonne – s'étire. – **3.** se redresse – débarbouille. – **4.** ronronnent.

2 s'avancent – retentit – s'élancent – prend – suivent – voit – cravache – allonge – double.

3 Gabrielle et Louise **s'en vont, elles fuient** plutôt. **Réfugiées** dans **leur** voiture, **elles roulent** sans savoir où. Et puis un soir **elles voient** soudain la mer, au loin, et **leur visage s'éclaire**.

4 Il faut enlever 1/2 point par faute d'accord sujet-verbe, 1/2 point pour les autres fautes grammaticales et rien pour le reste. L'élève doit surtout retenir les mots pour lesquels il a fait une faute, en les notant dans un carnet par exemple.

24. L'accord adjectif-nom | p. 58

J'applique

Ils se ressemblaient étrangement, **grands et bruns**, tous deux **vêtus** d'une chemise **blanche** et d'une veste **noire** à boutons **argentés**.

Je m'entraîne

1 **1.** sucrée. – **2.** entamé. – **3.** bleues. – **4.** Heureux – gais.

Conseil aux parents : Il y a plusieurs pièges. C'est l'eau, et non le bol, qui est sucrée ; c'est le paquet qui est entamé, non les gâteaux.

2 **1.** seules – professionnelle. – **2.** accessibles. – **3.** vives – plats.

3 Lydia et Inès **étaient** tout **excitées** à la pensée de rencontrer la chanteuse. **Elles avaient** prévu de s'installer dès la veille pour être **sûres** d'arriver **les premières**. Elles avaient mis une chemise jaune pour être plus **visibles**. (Remarque : *tout* reste invariable car c'est un adverbe qui peut être remplacé par *très*.)

4 Il faut enlever 1/2 point par faute d'accord, sans compter les autres fautes. Il faut écrire les mots qui comportent des fautes en les notant dans un petit carnet.

25. Les terminaisons verbales qui se prononcent [é] | p. 60

J'applique

passé simple : je préparai, ils préparèrent. – imparfait : je préparais, ils préparaient. – passé composé : j'ai préparé, ils ont préparé.

Je m'entraîne

1 allée – promener – demandé – était – rentrée – râler – commencé – s'inquiéter.

2 appelé – demandé – passer – donner – allée – interrogée – tiendraient – arrivée – crier – disputer.

Conseil aux parents : Le participe passé *interrogée* s'accorde avec *l'*, le COD placé avant le verbe. *Tiendraient* est un conditionnel présent à valeur de futur dans le passé et prend les mêmes terminaisons que l'imparfait, auquel il suffit d'ajouter la consonne *r*.

3 **1.** *Terminé* est un participe passé. On peut dire : *j'ai pris*. Il est employé avec l'auxiliaire *avoir* donc pas d'accord avec le sujet. – **2.** *Ranger* est un infinitif. On pourrait dire : *mais je dois prendre mes affaires*. – **3.** *Accompagner* est un infinitif. On pourrait dire : *avant de te prendre*.

4 Mais deux nouveau**x** combattants s'étai**ent salués** et **ils** tombèrent en garde avec tant d'autorité que tou**s** les regard**s suivaient** leurs mouvement**s**. Ils se fend**aient** et se relevaient avec une grâce élastique, avec une vigueur mesur**ée**, avec une telle sûreté de force, une telle sobriété de gestes [...] que la foule ignorant**e** en **fut** surprise et charm**ée**.

Conseil aux parents : Douze fautes en cinq lignes ! Cet élève est vraiment nul en orthographe ! Enlevez 1/2 point par faute oubliée ou ajoutée.

26. L'accord du participe passé (1) | p. 62

J'applique

1. s'accorde – **2.** ne s'accorde pas. – **3.** s'accorde.

Je m'entraîne

1 allés – eu – visité – montés – allés – préférée – été.

❷ aimé – couchés – trouvée – animée – colorées – entendu – isolés.

❸ Linda **a consacré** beaucoup d'énergie et de temps aux activités de son association de quartier. Elle **a aidé** les enfants à faire leurs devoirs, elle **a rendu** visite aux mamies isolées et les **a accompagnées** parfois pour une promenade au parc. Elle **est allée** régulièrement voir une mère de famille nombreuse et lui **a gardé** ses enfants une soirée de temps en temps.

Conseil aux parents : Dans *elle les a accompagnées*, *les* est COD du verbe (elle a accompagné qui ? *les*), mais dans *elle lui a gardé ses enfants*, le COD est *ses enfants* et *lui* (la mère) est COS. Elle a gardé les enfants « pour elle », donc le participe passé ne s'accorde pas.

❹ Enlevez 1/2 point pour les fautes grammaticales, aucun point pour les autres fautes. En revanche, notez les mots erronés sur un carnet pour les retenir.

27. L'accord du participe passé (2) | p. 64

J'applique

1. mouchée. – **2.** mouché le nez. – **3.** vus. – vu.

Je m'entraîne

❶ **1.** pris – parties. – **2.** fâchées. – **3.** faits – justifiés. – **4.** entendues – soutenue.

Conseil aux parents : Le participe passé *faits* employé avec l'auxiliaire *avoir* ne s'accorde pas avec le sujet *je*, ni avec le pronom *leur* qui n'est pas COD mais COI ; il s'accorde en revanche avec le COD *que (les reproches)* placé avant le verbe. Le COD du verbe *entendre*, *les (elles)*, est sujet de l'infinitif *crier*, donc le participe passé s'accorde.

❷ **1.** allés. – **2.** dansé – bu – rendus – ridiculisés. – **3.** raccompagnés.

❸ découvert – préservé – disparu – poussent – promenés – vu – tournoyaient – cueillies – parfumées – plû – régénérés.

Conseil aux parents : *Nous nous sommes plû* signifie *nous avons plû à nous-mêmes*. Le pronom réfléchi *nous* est COI, donc il n'y a pas accord. *Nous nous sommes régénérés* signifie *nous avons régénéré nous-mêmes*. Le pronom réfléchi est COD, donc le participe passé s'accorde.

28. Les consonnes doubles et autres lettres muettes | p. 66

J'applique

1. faubour**g**. – **2.** hasar**d**. – **3.** crapau**d**. – **4.** univer**s**. – **5.** vergla**s**. – **6.** décè**s**. – **7.** croqui**s**. – **8.** taudi**s**. – **9.** héro**s**.

Je m'entraîne

❶ **1.** inattendue. – **2.** illisible. – **3.** inoffensifs. – **4.** irréparable. – **5.** inutile. – **6.** immobile.

❷ **1.** saisonnier. – **2.** exceptionnelle. – **3.** soupçonneux. – **4.** passionnant. – **5.** raisonnable. – **6.** révolutionnaire.

3 moitié – année – brièveté – journées – luminosité – chaleur – quantité – dictées – heure – tranquillité – beauté.

4 Enlevez 1/2 point pour chaque faute.

Bilan 3 | p. 68

1. a. – **2.** b. – **3.** d. – **4.** b. – **5.** c. – **6.** c. – **7.** b. – **8.** a. – **9.** b. – **10.** c.

Vocabulaire

29. La formation des mots : familles de mots, préfixes et suffixes | p. 70

J'applique

(Exemples de réponses.)
invariable – infantile – inconnu – incertain – invariable.

Je m'entraîne

1 **1.** paresseux. – **2.** maladif. – **3.** mortel. – **4.** financier. – **5.** vertigineux. – **6.** floral. – **7.** fruitier. – **8.** campagnard.

2 **1.** blessure. – **2.** absorption. – **3.** croyance. – **4.** activité. – **5.** maturité. – **6.** flétrissure. – **7.** discussion. – **8.** bouderie.

3 **1.** désespoir. – **2.** malhabile. – **3.** déshonneur. – **4.** irresponsable. – **5.** immoral. – **6.** disgracieux. – **7.** mécontent. – **8.** désordre.

4 (Exemples de réponses.) **1.** border, déborder, rebord, débordement, bordure, abordage. – **2.** déposer, reposer, repos, pose, déposition, apposition, position.

5 **1.** Le mot *illisiblement* est formé par dérivation. Le radical *-lis-* vient du verbe *lire*. Le suffixe *-ible* permet de former un adjectif. Le suffixe *-ment* permet de former un adverbe à partir de l'adjectif. Le préfixe *in-* a une valeur négative. Le mot signifie donc : « d'une manière telle qu'on ne peut pas lire ». – **2.** (Exemples de réponses.) lire, lecture.

30. Les synonymes : niveaux de langue et connotations | p. 72

J'applique

1. *Maison* est le terme de base, neutre. – **2.** *Baraque* est familier et péjoratif. – **3.** *Demeure* est un terme soutenu et mélioratif (positif).

Je m'entraîne

1 **1.** taf – boulot – se bidonner – rigoler – marrant. – **2.** amusant – travail – rire – drôle. – **3.** labeur – s'esclaffer – plaisant – comique.

2 souhait – désir – suggestion – demande – exigence – ordre.

3 **1.** e. – **2.** c. – **3.** a. – **4.** b. – **5.** f. – **6.** d.

4 (Exemples de réponses.)
1. confier. – **2.** Donne. – **3.** préparé. – **4.** construit.

Conseil aux parents : Il faut éviter de rédiger en employant des mots passe-partout mais choisir des termes précis et un niveau de langue adapté au sujet. Si rien n'est précisé, le registre courant s'impose et il faut éviter les mots familiers.

5 **1.** Gavroche utilise un niveau de langue familier, comme en témoignent les mots *merlan*, qui en argot désigne le coiffeur, et *Angliche* qui désigne un Anglais, mais aussi la construction de sa phrase : « Ça n'a pas de cœur, ce merlan-là. » – **2.** Le narrateur, au contraire, utilise un niveau de langue soutenu (*cheminer*, *rétrospectif*).

31. Les champs lexicaux | p. 74

J'applique

(Exemples de réponses.) **1.** bois, champs, prés, plaines, fleurs, arbres, herbe, bruyère, buisson, monts, vallées, etc. – **2.** loi, juste, avocat, juge, litige, délibérer, jury, magistrat, procès, bien, mal, circonstances atténuantes, légitime défense, accusation, procureur, etc.

Je m'entraîne

1 **1.** Lumière : clarté, rayon, jour, blanc, soleil, feu. – **2.** Saleté : crasse, puant, moisissures, sueur. – **3.** Obscurité : ténèbres, nuit, obscur, noircir, ombre.

2 **1.** Hier, le vent du soir, dont le souffle caresse, – **2.** Nous apportait l'odeur des fleurs qui s'ouvrent tard ; – **3.** Le printemps embaumait, moins que votre jeunesse ; – **4.** Les astres rayonnaient, moins que votre regard.

3 Les mots en **gras** appartiennent au champ lexical de la couleur, ceux en *italiques* appartiennent au champ lexical de la rondeur. Le personnage est ridicule, il a l'air d'un clown !

4 **1. 2.** et **3.** Le corps, mais ce n'est pas inattendu dans un portrait, donc pas très intéressant. (Exemples de réponse.) On peut noter : la nudité (*découvrait*, *ouverte*, *nus*, *nue*, *peau*, *poil*), la clarté (*clarté*, *blonds*, *pâles*, *flamme*), le calme (*attentive*, *fixés*, *repos*, *tranquille*), la force (*muscles*, *colosse*, *force*). – **4.** Le portrait est élogieux et un peu érotique. La femme qui admire cet homme au travail est en train de tomber amoureuse de lui

32. Antonymes et termes génériques | p. 76

J'applique

1. d. – **2.** e. – **3.** a. – **4.** c. – **5.** b.

Je m'entraîne

1 **1.** lourd. – **2.** grave. – **3.** fort. – **4.** lourd. – **5.** épais.

Conseil aux parents : L'antonyme varie selon le sens du mot *léger* dans le contexte où il est utilisé.

❷ **1.** sièges. – **2.** moyens de transport. – **3.** parfums. – **4.** féculents. – **5.** arts martiaux.

❸ (Exemples de réponses.) **1.** chêne, bouleau, érable… – **2.** éclair, croissant, Paris-Brest… – **3.** amour, joie, colère… – **4.** sac, chaussures, bijoux… – **5.** eau, vin, thé…

❹ Cette institutrice a deux qualités. Elle est patiente puisqu'elle accepte de répéter les règles ; elle est généreuse car elle offre le goûter et donne une partie de son temps personnel à ses élèves.

33. Les mots abstraits | p. 78

J'applique

1. Démocratie : système politique dans lequel le pouvoir est exercé par l'ensemble des citoyens. – **2.** Féminisme : revendication de l'égalité des droits entre hommes et femmes. – **3.** Foi : croyance, confiance, en quelqu'un ou quelque chose. – **4.** Thèse : théorie qu'on défend au moyen d'arguments.

Je m'entraîne

❶ **1.** abstrait. – **2.** concret. – **3.** abstrait. – **4.** abstrait. – **5.** concret.

❷ **1.** synthèse. – **2.** analyser. – **3.** justifier. – **4.** délibérer. – **5.** préjugés.

❸ (Exemples de réponses.) **1.** liberté, confiance, autonomie. – **2.** paresse. – **3.** insolence. – **4.** pauvreté. – **5.** incohérence.

❹ **1.** Le mot s'applique habituellement aux rébellions de matelots contre leur capitaine sur un navire. – **2.** Dans le contexte de l'hôtel, il s'agit de la révolte des femmes de chambre contre leur gouvernante, celle qui les dirige. – **3.** Les filles ne veulent pas aller au douzième car elles croient qu'il y a des fantômes.

34. Les figures de style | p. 80

J'applique

1. métaphore. – **2.** comparaison. – **3.** métaphore. – **4.** personnification.

Je m'entraîne

❶ **1.** Et des rires s'élevèrent, pareils au clapotement des flots. – **2.** Votre âme est un paysage choisi. – **3.** Elle frôla une machine venue seule du dépôt, en promeneuse solitaire. – **4.** « Tu renifles, mon ancienne, dit Gavroche. Mouche ton promontoire. » – **5.** Je suis belle, Ô mortels, comme un rêve de pierre. – **6.** Elle crie, elle hurle, elle est loyale, la grande mer.

❷ (Exemples de réponses.) **1.** L'automne est pareil à un feu de joie (comparaison). L'automne, chevelure fatiguée (personnification). – **2.** Les mains comme un papier chiffon (comparaison). Les mains, hirondelles fourbues. – **3.** Les roses comme mille sourires de fillettes (comparaison). Un feu d'artifice au jardin (métaphore).

❸ **1.** L'auteur compare l'étoffe à une lime, pour son toucher rugueux, et à une casserole pour sa couleur voyante. Il utilise la métaphore du tigre (*qui a des reflets de tigre au soleil*) et celle du feu (*qui flambe*). Il personnifie presque le tissu en lui attribuant une voix *criante* et une volonté *qui exaspère*. – **2.** L'auteur porte un jugement très négatif sur ce tissu que sa mère lui impose et que lui juge agressif par sa consistance comme par sa couleur. Il se sent en fait agressé par sa mère par l'intermédiaire du tissu.

Conseil aux parents : Ce qui est demandé ici, progressivement, en fin de troisième, c'est non seulement de repérer les figures de style, mais d'interpréter leur effet et leur sens.

Bilan 4 | p. 82

1. a. – **2.** d. – **3.** a. – **4.** c. – **5.** b. – **6.** b. – **7.** b. – **8.** c. – **9.** a. – **10.** c.

Lecture-Écriture

35. Répondre à des questions de brevet | p. 84

J'applique

La bonne réponse est la **2.**

Je m'entraîne

❶ Le narrateur a reçu une éducation stricte, basée sur des principes comme : « il ne faut pas gâter les enfants ». Il n'a pas reçu de marques de tendresse (*je n'ai pas été dorloté*). Il a même été maltraité physiquement (*j'ai été beaucoup fouetté*). On vous demande de sélectionner un « genre » d'éducation. Vous devez donc d'abord vous demander, en vous aidant du texte mais aussi de vos connaissances, de votre expérience, quels sont les différents genres d'éducation : par exemple, éducation sévère ou laxiste [« cool »], aimante ou pas, tendre ou dure, parents amis, confidents ou autoritaires, plus ou moins grande liberté pour l'enfant, etc. Ensuite vous devez trouver les mots qui correspondent le mieux au texte, rédiger une phrase avec ces mots et citer de brefs passages du texte pour justifier.

❷ Les précisions sont à la fois comiques et terribles.

❸ *Baisoté* est formé sur le radical *bais-* et le préfixe diminutif *-oté*. Il représente l'éducation affectueuse que le narrateur n'a pas reçue.

❹ *Sais* est au présent d'énonciation. *Il ne faut pas* est une vérité générale. *Elle me fouette* est une habitude.

36. Le récit | p. 86

J'applique

Le narrateur est extérieur et le point de vue interne.

Je m'entraîne

❶ **1.** Narrateur extérieur, point de vue omniscient. – **2.** Narrateur – personnage. – **3.** Narrateur extérieur, point de vue interne.

❷ (Exemple de réponse.) Kevin était furieux. Comment Anthony pouvait-il préférer Jennifer Rostock à Weezer alors que Weezer avait un son si nouveau ? C'était dingue ! Ils étaient toujours d'accord d'habitude ! Qu'est-ce qui lui prenait ? Comment pourraient-ils encore jouer ensemble s'ils n'avaient plus les mêmes goûts musicaux ? Il avait fait bonne figure devant les autres mais là, il ne cessait de ruminer ses pensées noires sur l'avenir de leur groupe.

Conseil aux parents : Vous pouvez attribuer 3 points à la technique du point de vue interne, 3 points aux idées sur les pensées du personnage et leur confrontation avec celles d'Alexandra et 2 points à la qualité de l'expression.

❸ Le point de vue adopté est celui de Rastignac (2 points). Le lecteur sait ce que Rastignac pense (*il jugea prudent*) et ce qu'il perçoit, ici les paroles du père Goriot (*À ces paroles*) et un bruit (*il distingua soudain un bruit*). Le lecteur ne sait rien, en revanche, des pensées du père Goriot.

37. L'autobiographie | p. 88

J'applique

L'extrait ne vient pas d'une autobiographie car l'auteur est un homme (Daniel) et le personnage une femme, comme en témoignent les participes passés au féminin (*perdue* et *mise*).

Je m'entraîne

❶ L'auteur écrit pour témoigner de son enfance très dure, au cours de laquelle il a été maltraité. Il évoque le « supplice » qu'il subissait quotidiennement, ici sous prétexte de le laver.

❷ (Exemple de réponse.) Je suis né le 11 février 1994 à Colombes. À cette époque, mes parents vivaient à Clichy dans un appartement qui me parut longtemps luxueux en comparaison de ceux qu'habitaient certains de mes camarades de maternelle. Un peu plus tard, vers mes cinq ans je crois, ils allaient s'embourgeoiser encore en achetant une petite maison dans la verte et chrétienne banlieue ouest.

Conseil aux parents : Si les phrases sont complétées correctement, sans qu'elles soient intéressantes, attribuez 4 points. Puis ajoutez de 1 à 4 points en fonction de l'intérêt des idées. Enfin retranchez 1 à 2 points pour les fautes, notamment les fautes d'orthographe.

❸ **1.** On détecte dans ce passage deux temps différents : le passé simple permet de raconter les événements passés (*je sentis, je fis, j'appris*) ; le présent a une valeur d'énonciation dans *j'ignore, je ne sais, je me souviens* mais une valeur de vérité générale dans *c'est le sort commun de l'humanité*. – **2.** *Je* représente l'auteur-narrateur adulte avec les verbes au présent, le personnage enfant avec les verbes au passé simple. – **3.** L'écrivain évoque ici le problème de la mémoire. Il est particulièrement difficile de se rappeler la petite enfance, époque où l'on « sent » sans être encore capable de « penser ».

38. Le théâtre | p. 90

J'applique

CÉCILE. C'est vous, monsieur ? Je ne vous reconnaissais pas. Comment se porte votre foulure ?

VALENTIN, *à part*. Foulure ! Voilà un vilain mot. *(Haut.)* C'est trop de grâce que vous me faites, et il y a de certaines blessures qu'on ne sent jamais qu'à demi.

L'aparté est comique car il montre l'hypocrisie du personnage, qui pense une chose (*vilain*) et dit le contraire (*grâce*).

Je m'entraîne

❶ **1.** Non – **2.** Oui (nom des personnages en lettres capitales et en début de ligne). – **3.** Non.

❷ (Exemple de réponse.)

LE MARI, *à part*. Les gredins ! Ils me le paieront.

LA FEMME. Profitons de ce moment de tranquillité, au contraire. *(Elle s'approche de lui.)*

L'AMANT. Pourquoi ne pas nous voir ailleurs que chez toi, plutôt ? *(La porte grince.)*

❸ **1.** Ce passage est une bien une scène de théâtre, d'abord parce que le nom du personnage qui parle est précisé en capitales (HARPAGON) mais aussi parce que le texte se réduit aux paroles de ce personnage et à une didascalie *(Il se prend lui-même le bras.)*. – **2.** Cette réplique est une tirade et un monologue.– **3.** La didascalie laissent penser que le personnage est fou : « il se prend lui-même le bras » croyant attraper le voleur. – **4.** Le spectateur rit du personnage, qui aime tellement l'argent qu'il devient fou parce qu'on le lui a volé. Son avarice est tellement exagérée qu'elle est comique.

39. La poésie | p. 92

J'applique

2. Le poème de Verlaine exprime la mélancolie.

Je m'entraîne

❶ Les rimes du poème sont croisées : abab. Les vers 1 et 3 ont douze syllabes : ce sont des alexandrins. Les vers 2 et 4 ont 6 syllabes.

Conseil aux parents : Il est délicat de compter les syllabes quand un mot se termine par un *e* muet comme ici *heures* ou *propices*. La règle est la suivante : le *e* ne compte pas à la fin du vers, comme ici *propices*, ni devant une voyelle, mais il compte pour une syllabe devant une consonne. Ici, *heures* précède *propices* qui commence par une consonne (donc il compte) et *heu/res* a deux syllabes. Même chose pour *ra/pi/des* qui précède *Délice*.

❷ **1.** promène. – **2.** appartement. – **3.** charmant. – **4.** à peine. – **5.** discret. – **6.** gronde. – **7.** profonde. – **8.** secret.

❸ **1.** Le sujet du poème est le dur travail des enfants. – **2.** Il a été écrit pour dénoncer : c'est un poème engagé.

❹ *Où chante une rivière* est une personnification, métaphore qui compare la rivière à une personne. *Des haillons d'argent* est une métaphore qui compare les gouttes d'eau à des morceaux de tissu brillant. *La montagne fière* est une personnification. *Mousse de rayons* est une métaphore qui associe la lumière (*rayons*) et l'eau (*mousse*).

40. L'argumentation p. 94

J'applique

1. oui. – **2.** non.

Je m'entraîne

❶ **1.** pour. – **2.** contre. – **3.** contre. – **4.** pour. – **5.** contre. – **6.** pour.

❷ (Exemples de réponses.) **Pour** : l'ordinateur est un outil de recherche documentaire ; l'ordinateur est un outil de création (blogs, montage vidéo) ; l'ordinateur est un outil de communication gratuit (mails, chats). – **Contre** : l'ordinateur nuit à la santé, notamment aux yeux et au dos ; l'ordinateur isole les jeunes de leur famille et même de leurs amis, éliminant le vrai dialogue en présence de l'autre ; l'ordinateur nuit à la concentration car les jeunes passent constamment d'un écran à l'autre.

❸ **1.** Grandet est le père d'Eugénie. Le titre du roman *(Eugénie Grandet)* nous indique le patronyme de cette dernière et, de plus, elle appelle Grandet « mon père » et il l'appelle « ma fille ». – **2.** Le père exige que la fille lui révèle où est son or, ce qu'elle refuse. – **3.** Le père met en avant la « confiance », l'estime (*vous méprisez donc votre père*), l'absence de toute séparation entre un père et une fille (*s'il n'est pas tout pour vous, il n'est rien*) ; il essaye aussi de lui faire peur en répétant ses ordres. Eugénie met en avant son droit à une certaine autonomie (*si vous me faites des présents dont je ne sois pas la maîtresse*) et son indifférence pour l'argent puisqu'elle lui rend le napoléon d'or qu'il vient de lui offrir.

Bilan 5 p. 96

1. b. – **2.** b. – **3.** a. – **4.** d. – **5.** c. – **6.** b. – **7.** b. – **8.** c. – **9.** a. – **10.** b.

Brevet p. 98

Questions

I. 1. a. Les connecteurs qui annoncent le contenu du panier sont *d'abord*, *puis* et *encore*. – **b.** Ils créent du suspense car elle sort les éléments l'un après l'autre ; ils créent aussi l'impression que le panier n'en finit pas de se vider. – **2. a.** *Petites* et *fine* sont des adjectifs épithètes ; *de faïence* et *en argent* sont des compléments du nom. – **b.** Ces expansions montrent le raffinement du goût de Boule de suif. – **3. a.** *Délicatement* est un adverbe. – **b.** Il est formé sur l'adjectif *délicat* auquel est ajouté le suffixe adverbial *-ment*. – **c.** Il donne une image positive, élégante de Boule de suif.

II. 1. Le champ lexical du corps apparaît (*narines*, *bouches*, *salive*, *mâchoire*, *oreille*). – **2.** Les dames sont jalouses et ont des sentiments très agressifs : elles ont « envie de la tuer ou de la jeter en bas de la voiture ». – **3.** Boule de suif est représentée par les pronoms *elle* et *la* et par le GN *cette fille*.

III. 1. a. Loiseau est hypocrite. Il complimente Boule de suif, s'abaisse devant elle et l'appelle « madame » uniquement pour qu'elle lui offre à manger. – **b.** Il lui dit qu'elle avait eu plus de précautions qu'eux, et qu'il y avait toujours des gens qui savaient penser à tout. – **2.** Boule de suif lui offre à manger. – **b.** Elle est généreuse. – **3. a.** « Si […] qu'il y eut un soupir de détresse dans la voiture » : proposition subordonnée conjonctive, complément circonstanciel de conséquence du verbe *mâcha*. – **b.** Il y a un « soupir » de détresse dans la voiture parce que les autres passagers aussi ont faim et sont jaloux de voir Boule de suif et Loiseau manger.

Réécriture

Ils avaient un journal, qu'**ils étendirent** pour ne point tacher l**eur** pantalon, et sur la pointe d'un couteau toujours logé dans **leur** poche, ils enlevèrent **des cuisses toutes vernies** de gelée, **les dépecèrent** avec **leurs** dents, puis **les mâchèrent**.

Dictée

Enlever 1/2 point pour les fautes de grammaire et conjugaison, 1/2 point pour les autres.

Rédaction

Le premier paragraphe doit présenter la situation : où ? quand ? avec qui ?

Le deuxième paragraphe doit exposer l'envie elle-même, et développer une description (s'il s'agit d'un objet) ou une explication.

Le troisième paragraphe doit développer les pensées, sensations, sentiments du narrateur.

Un dernier paragraphe peut conclure : l'envie a-t-elle été réalisée ? Dans ce cas, l'objet de l'envie a-t-il apporté tout ce qu'on en espérait ? Si l'envie n'a pas été réalisée, le regret est-il resté, pourquoi ?

Annexe

Tableau de conjugaison

ALLER

INDICATIF			
Temps simples	Temps composés	Temps simples	Temps composés
Présent	**Passé composé**	**Futur**	**Futur antérieur**
je vais tu vas il, elle, on va nous allons vous allez ils, elles vont	je suis allé tu es allé(e) il, elle, on est (allé) nous sommes allé(e)s vous êtes allé(e)s ils, elles sont allé(e)s	j'irai tu iras il, elle, on ira nous irons vous irez ils, elles iront	je serai allé(e) tu seras, il, elle, on sera allé(e) il, elle, on sera allé(e) nous serons allé(e) vous serez allé(e)s ils, elles seront allé(e)s
Imparfait	**Plus que parfait**	**Conditionnel présent**	**Conditionnel passé**
j'allais tu allais il, elle allait nous allions vous alliez ils, elles allaient	j'étais allé(e) tu étais allé(e)s il, elle, on était allé(e) nous étions allé(e)s vous étiez allé(e)s ils, elles étaient allé(e)s	je irais tu irais il, elle, on irait nous irions vous iriez ils, elles iraient	je serais allé(e) tu serais allé(e) il, elle, on serait allé(e) nous serions allé(e)s vous seriez allé(e)s ils, elles seraient allé(e)s
Passé simple	**Passé antérieur**	IMPÉRATIF	
		Présent	**Passé**
j'allai tu allas il, elle, on alla nous allâmes vous allâtes ils, elles allèrent	je fus allé(e) tu fus allé(e)s il, elle fut allé(e) nous fûmes allé(e)s vous fûtes allé(e)s ils, elles furent allé(e)s	va allons allez	sois allé(e) soyons allé(e)s soyez allé(e)s

SUBJONCTIF			
Temps simples	Temps composés	Temps simples	Temps composés
Présent	**Passé**	**Imparfait**	**Plus que parfait**
que j'aille que tu ailles qu'il, elle aille que nous allions que vous alliez qu'ils, elles aillent	que je sois allé(e) que tu sois allé(e) qu'il, elle soit allé(e) que nous soyons allé(e) que vous soyez allé(e) qu'ils, elles soient allé(e)s	que j'allasse que tu allasses qu'il, elle, on allât que nous allassions que vous allassiez qu'ils, elles allassent	que je fusse allé(e) que tu fusses allé(e) qu'il, elle fût allé(e) que nous fussions allé(e)s que vous fussiez allé(e)s qu'ils, elles fussent allé(e)s

Tableau de suivi de progression

Ce tableau vous permet de suivre votre progression tout au long de l'année.
Sur la ligne verticale sont placées les notes de 0 à 20; sur la ligne horizontale figurent les numéros des leçons.
Pour bien utiliser ce tableau, reportez la note finale que vous devez compléter à la fin de chaque leçon.
Reliez ensuite les points quand vous avez terminé tous les exercices du livre.

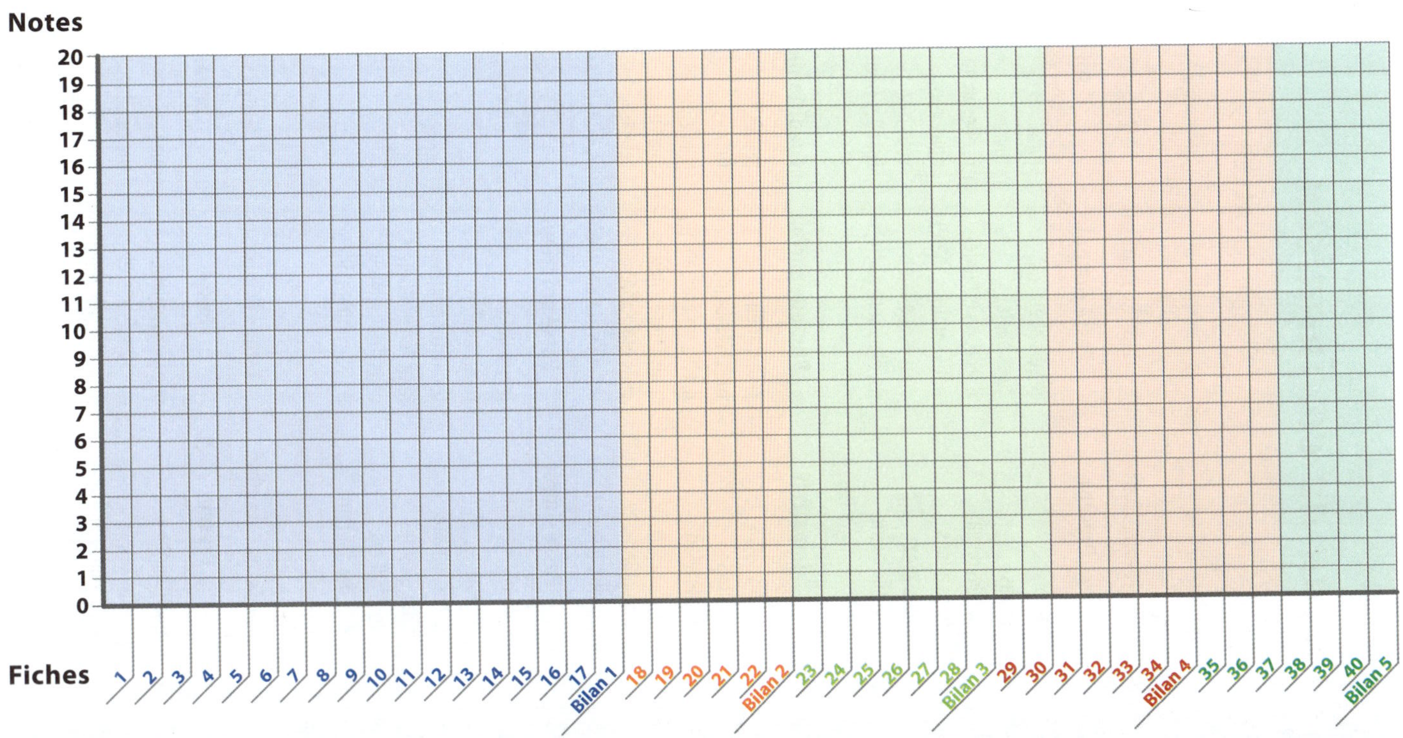